マナーと作法の社会学

加野芳正　編著

東信堂

まえがき

二〇二〇年には二度目の〈東京オリンピック〉が開催される。前回のオリンピックが開催されたのは一九六四年のことなので、半世紀以上の時がたっての開催である。一九六四年といえば日本がまだ貧しく、西欧に追いつき追い越せという明確なスローガンのもと、高度成長をひた走っていた時代である。このオリンピックの成功に向けて、選手の強化はもちろんのこと、首都高速道路に象徴される都市機能の強化、新幹線の開通などインフラの整備が格段に進んだことはよく知られている。と同時に、日本の歴史上はじめて世界からたくさんのお客さんがやってくるというので、公衆道徳の高揚運動が幅広く展開されたことをご存知だろうか。この頃の資料をみると、公衆道徳高揚運動の具体的内容として、カやハエをなくす運動、交通道徳を守る運動、酔っぱらいをなくす運動、タンツバ、立小便の禁止運動、町をきれいにする運動、国際エチケットを高める運動などの項目が列挙されている。これらの多くはマナーの領域に属する事柄である。文化の進んだ西欧の人たちに笑われないように、そして、各国の人を失礼のない〈おもてなし〉の精神でお招きするように、マナーの向上運動が国を挙げて展開されたのである。

北京オリンピック(二〇〇八年)の時にもバスに乗車するときには、並んで順番に乗ることや、食べ物の袋を道に捨てないなどのマナーアップ作戦が、強力に展開された。マナーは自国の文化的な程度を示す重要なファクターである。そして、マナーのレベルが低いと、その国や地域の「民度」が低いとも揶揄される。ある県で車に乗っていると、やたらと割り込んでくる車や、信号が赤に変わったのに強引に突っ込んでくる車が多いことに気がついて、運転マナーが悪いことを告げると、同乗者の一人が「ここは民度が低いんですよ」と解説されたことがある。マナーはそれが他者に対する迷惑行為に繋がるだけでなく、人としての品位や品格を表す概念でもある。

マナーや作法というと、日常生活のなかで取るに足らない末梢的な事柄であって、犯罪や道徳に比べて些細なことがらと考えている人が多い。確かに、マナー違反は他者を不快にさせるが、犯罪のように社会秩序に重大な脅威をもたらすものでもなければ、道徳に反する行為のように人間性の本質に迫るものでもない。しかし、散歩に出かければ犬の糞を持ち帰りましょうという立て看があり、電車に乗れば席のゆずり合いや、携帯マナーを促すポスターをしばしば見かける。ドライブをすれば運転マナーの悪い人に出くわすことによって、腹立たしい思いをした人は少なくないであろう。その意味でマナーは日常生活に深く根ざしている。毎日の生活のなかで犯罪行為に出くわすことは滅多にないが、マナー違反に端を発する迷惑行為は日常生活の身近にいつもあり、そのことによって不愉快にさせられる。「法律を守りましょう」というポスターにお目にかかることは少ないが、「マナーを守りましょう」というポスターはどこに行っても目にすることができる。マナーは毎日の生活のなかにある身近な事柄であり、強制されない行為だからこそ、啓発のポスターや立て看が目につくのである。私たちが日常的に不愉快に思う事柄の大半はマナーに関することであり、気持ちがいいと感じることもマナーに関連してのことが多い。

ところで、一九六四年の東京オリンピックの頃によく目にした「立小便」などの行為を見かけることは、今日ではほとんど無い。この背景にあるのは、それを目撃する人の不快であるとする感情であり、そのような行為を許さないという社会の集合意識である。また、そのような社会の意識に対応して、個人の側には立小便に対して「羞恥」の感情が高まってきたことも重要であろう。実際に社会の側の不快であるという集合感情と、個人の側の羞恥心は相互に関連しており、他者の不快感が拡大していくことによって、自己の羞恥心がより敏感になっていくという側面がある。これは汗などの臭いについてもいえることである。三〇年ほど前、多くの日本人(特に男性)は、体の臭いを気にすることは少なかった。しかし、今日では若い人を中心に臭いにとても敏感であり、そのためにデオドラント用品を使用することが多くなっている。汗や衣服の臭いの消臭がマナーになったのである。文明化とは、〈不快〉の範囲を拡大させていくことでもあるので、マナーという指標でみると、私たちは日々〈文明化〉のプロセスの中に位置しているともいえるだろう。

こうしたなかで、マナーのルール化が進んでいる。例えば、電車内での携帯電話での通話を考えてみよう。携帯電話が普及し始めた頃、車内通話は他のお客を顧みない迷惑行為として、しばしば批判の対象となった。そのため、鉄道会社は携帯電話によるマナー違反をポスターや車内アナウンスによって啓発し、その結果として車内での通話は随分と減少した。今日では、周囲をはばかることなく通話している人は珍しいし、通話している人に対するまなざしは冷ややかである。明文化されてはいないが、電車内では通話しないというルールが存在しているかのようである。その結果として、車内での携帯電話による通話はマナーの問題であるのかルールの問題であるのか、その境界がぼやけている。先ほどの「立小便」の問題にしても、運が悪ければ、軽犯罪法が適用されて警察沙汰にもなりかねない。つまり、これまでマナーの問題として対処されてきた行為が、法律やルールの問題として浮上するようになっている。「喫煙」もその一つであり、以前は受動喫煙に対する配慮や節度の問題としてあったが、今日では「建物内禁煙」のようにルールの問題として立ち現れている。

他方でルールが前面に出れば、マナーの問題はかき消されてしまうかというと、そうでもない。例えば、自治体の首長、大学の学長、学校の校長たちは法律によって強大な権限を与えられている。しかし、だからといって、これまでに蓄積された意思決定の手続きや暗黙のルールを無視して何をしてもいいかというと、そうはならない。法律に支えられた権限を行使するためのマナーの領域があるのではないかと思うからである。大阪市の橋下市長は実行力のある政治家として、今なお高い人気を保っているが、彼に反感を覚える人も少なくない。その反感の背後にあるのは、市長は選挙によって選ばれたのだから、ルールに従って自分の意思を通すことができる。反対するなら、自分を選挙によって落選させたらどうかというレトリックの背後にあるマナー（他者に対する気づかい）の欠如である。ここ二〇年くらいの間に、公的組織の経営のあり方が見直され、「トップダウン」であることがあたかも美徳であるかのような言説がまかり通っているが、誤ったトップダウンほどやっかいなものはない。組織のトップには、構成員の意見に配慮しながら組織を動かすというマナーが求められると思うのである。

電話の普及によって、〈電話のかけ方〉というマナーの領域が誕生したように、携帯電話やパソコンの普及は「携帯マナー」や「ネットマナー」という新しいマナーの領域を生み出した。半面で、かつては厳しかった食事のマナー（例えば箸の持ち方）のように、しだいに緩くなっているものもある。テレビを見ながら食事をする様子に多くの人は違和感を持たなくなっているが、スマートホンを片手に見ながら食事する光景には、多くの年長者は抵抗感を持つだろう。原理的に考えれば、マナーの形式はたいていの場合、合理的根拠のあるものではない。だから、世代間の対立を呼び起こし、年長世代からみれば「今の若者のマナーは！」ということになる。私の研究室には中国からの留学生がたくさん在籍している。多くは、中国の大学で日本語学科に在籍していた学生である。したがって、日本語の学習がメインであるのだが、カリキュラムの一部に「日本のマナー」が加わっていることが多い。日本でのマナーを知らないと、日本人とのコミュニケーションが円滑にいかないという心配からだという。中国人が実践するマナーは、日本人のそれと相当異なっているといえるだろう。

戦前はマナーという言葉はあまり使用されず、一般的には〈作法〉という言葉が用いられた。戦後になって〈エチケット〉という言葉がしばしば用いられたが、一九六〇年代の後半からは〈マナー〉という言葉が定着してきた。この言葉の違いは、それが含意する意味内容の変遷を伴っている。戦前において中心となったのは、家の中のマナーであった。家族はタテの人間関係を基本としており、家族の規模も大きかったので、家の秩序を礼儀や作法によって統制していった。また、作法をつかさどる身体技法をささえたのは畳や障子・ふすまの文化であった。戦後になると、家族の形態が大きく変化するとともに、生活の洋風化が進んだことによって、家族内を中心とした作法の文化が衰退し、新しく公衆マナーやビジネスマナーというジャンルが登場した。ビジネスマナーは家の外で行われるマナーである。また、戦後になると伝統的な村落共同体が崩壊し、都市化とともに見知らぬ人との接触機会が増え、それとともに見知らぬ他者に気遣いをしなければならない空間が拡大していった。こうして今日、マナーが求められるのは人々が集まる空間であり、知らない者同士がコミュニケーションを交わす場となった。電車に代表される公共交通機関、学生たちが集まる教室、レストランやホテル、野球やサッカーなどのイベント会場、ゴルフ場など、多くの人が集まる空間は他者への配慮が求められる空間であり、そうした場所はマナーが必要とされる空間である。

このようにマナーは私たちの身近なところにあるが、同時に、時代や文化に強く既定されており、マナーには普遍的な姿は存在しない。しかし、マナーという行為の存在自体は普遍的であり、人と人が出会い、相互作用が行われるとき、そこにマナーが発生する。マナーの精神を失えば、たちまちにして不快な感情が惹起される。それをもっとも身近に経験するのは「あいさつ」である。しかし、私たちはなぜ、あいさつをしなければならないのであろうか。これは是非考えてみなければならない課題である。繰り返しになるが、人間社会が複雑になると「マナー」を求められる空間が拡張するとともに、マナーの精神に反する行為が目につきやすく、それだけマナーに対する啓発活動が盛んになってくる。マナーは身近なところにあるとともに、人間の成り立ちを考えるにあたって欠かすことのできない行為である。

半面で、マナーの研究はあまりにも少なく、内容的にも乏しいのが現状である。マナーというと、何か表面的な現象のように思われ、人文科学や社会科学の研究対象として重要視されてきたとはいいがたい。マナーや礼儀作法のマニュアル本はそれこそ掃いて捨てるほど刊行されているし、また、日常生活において〈マナー〉という言葉は氾濫しているにもかかわらず、マナーに関する本格的研究は少ない。マナーは「他者への配慮」といった以上のさまざまな側面を有しており、本書はそれを主に社会学の視点からアプローチしたものである。そもそも人間にとってマナーとは何であるのか、現代社会においてマナーはどのような状態にあるのか、教育の問題として考えれば人々はどのようにマナーを身体化しているのか。

本書はこのような問題意識に答えようとした、共同研究の成果の一部である。

＊＊＊

ここで、本書の概要についてごく簡単に触れておくことにしよう。

加野芳正による「第一章　〈マナーと作法〉の社会学に向けて」では、そもそもマナーとは何であるのかを、〈ルール〉や〈道徳〉と対比することによって考察するとともに、マナーは日本語では〈作法〉と訳されることが多いが、〈マナー〉と〈作法〉はどのように異なるのかを歴史を遡りながら論じている。その上で、マナーを主題として、どのような研究課題が立ち上がってくるのか、また、マナーを研究することにどのような意義があるのかを考察している。本書のイントロの役割を果たしている章である。

加野芳正による「第二章　現代社会におけるマナーの諸相」では、〈マナー〉という身体文化の歴史性に言及したあと、現代社会におけるマナーの特質について論じている。戦後における近代化のなかで、日本では〈作法〉の部分が縮小し、ビジネスマナーや冠婚葬祭マナーが重視されるようになった。また、「マナーのルール化」や「法化社会」といった現象が進行しつつあり、マナーの領域がやせ細っている。他方で、マナーを人間形成という側面から見ると、マナーの成立は人間に「自己抑制」の観念を植えつけるとともに、文明化は人間の「不快」の感覚を拡大していくので、マナーに過敏な社会を招来しやすいことを述べている。

古賀正義による「第三章　「マナー不安」の時代――職場適応のスキルを物語る若者たち」では、教育困難校（高校）卒業生へのインタビュー調査を中心に、仕事にマナーがどのように関係しているかを明らかにしたものである。マナー検定の流行に象徴されるように、マナーが体得できないことによる職場不適応に不安をおぼえる若者は少なくない。困難高校卒業生の追跡調査でも、社会に適応するためのスキルを獲得すべきだという声が年ごとに強まり、現場で習得した接客技術が専門学校でのマナー教育の無益さを知らしめたといった語りが見いだされた。そこには、マナーの本質を離れ、市場的価値からマナーを読み取るまなざしが顕著であり、今日「マナー不安」の時代が到来している背景にはそれがあるといえる。

松田恵示による「第四章　スポーツの身体性とマナー」では、サッカーを事例としてサポーターとプレーヤーのマナーが論じられる。時として、サッカーではフーリガンに代表されるサポーターの暴走が発生するが、サポーターとしての応援は「興奮」という自己の解放と、「マナー」という自己の抑制の微妙なバランスのうえに成り立っている。一方、プレーヤーを支配しているのはルールであるが、同時に「フェアプレイ」に代表される「マナー」や「作法」も重要視されている。このルールとマナーの微妙な空間のなかにこそゲームとしてのサッカーのおもしろさがあり、また、サポーターとの一体感が生じることを理論的に論じている。

村上光朗による「第五章　マナーのなかの子ども――「子どものマナー」を考えるために」では、「子どものマナー」を主題に論じているが、そこには何かしら矛盾する響きが横たわっている。というのも、「子ども」はマナーを知らないが故に子どもであるという側面を持っているからである。子どもにとってのマナーとは、大人のマナー型を単に躾けられてゆく過程ではない。「けんか」の時の子どもなりの紳士協定など、子どもであるがゆえに所有しているマナー性があり、そのことを〈子ども〉と〈大人〉との位相関係から考えていく。

越智康詞による「第六章　マナーを通して学校に公共空間を拓く――商品交換的な「交換様式」の支配を超えて」は、マナーや作法を通して、学校や学級での生活や関係をよりよくしていこうとする実践を、〈江戸しぐさ〉を事例としながら検討している。学校は、大勢の子どもが共同生活を送る場であり、お互いに尊敬の念をもって交流するという点で公共空間である。その公共空間を創出するには、マナーや作法の力が必要であり、また、マナーや作法は生き方の美学（粋であること）とも結びついていることが論じられる。現代社会における生き方について、マナーをキーワードとして論じた社会哲学的論考である。

西本佳代による「第七章　キャンパスのなかのマナー問題」では、大学生のマナーの実態と大学におけるマナー教育の現状を検討している。近年の若者論と流れを同じくして、大学生のマナーについても否定的に語られることが多い。はたしてその実態はどうなっているのか、全国一九大学の学生を対象としたアンケート調査の結果から、現在の大学生のマナーに対する意識・行動を明らかにする。また、その結果を受け、大学で実施されているマナー教育の現状と課題を考察しており、大学教育論として読み進めることができる。

タイトルに〈社会学〉と冠してあるように、本書の執筆者の多くは〈教育社会学〉を専門としており、マナーの問題を〈教育〉や〈子ども〉の問題に引き寄せて論じている。マナーはしつけによって身体化される部分が大きいので、〈人間形成〉の問題と親和性があることは間違いない。しかし、どうしたらマナーが身につくのかといった表層的な問いから出発しているのではなく、マナーのもつパラドキシカルな側面や、生き方の美学としてのマナー、公共空間を創出するマナー、マナーのもつ差別性など、分析の視角は多様である。マナーの問題から「教育とは？」、「子どもとは？」と逆照射されている章もある。まずは、そもそもマナーとは何であるのか、この問題から始めることにしよう。

加野 芳正

マナーと作法の社会学／目次

マナーと作法の社会学

第一章

〈マナーと作法〉の社会学に向けて

加野　芳正（香川大学）

はじめに

私たちの日常生活を秩序づけるものとして「マナー」や「作法」の領域がある。マナーは「ヒトが自己あるいは他者のもつ動物性の次元になるべく直面しないですむように作り上げた一種の身体技法」（見田宗介他編　一九八八、八三二頁）と定義することができる。それは多くの場合、教育や躾を通して身体化される。マナーの精神の根底にあるのは他者に対する配慮であり、自分勝手な行動を抑制し、快適な市民社会を維持することである。マナーは文化によっても異なっている。日本の高校野球やプロ野球では相手を三振に取ったり、殊勲打を打ったりすると、体全体に喜びを表出すること（例えばガッツポーズなど)が許されるが、アメリカではこのような行為は相手に配慮しない失礼な行為として、一般には歓迎されない。このことはアメリカに渡って活躍する田中将大投手やダルビッシュ投手を見ていれば明らかだろう。相撲では、勝っても土俵上では喜びを表情に出さないことが求められる。元横綱の朝青龍が優勝を決めた相撲の後でガッツポーズをし、多くの相撲ファンからマナー違反であるとしてひんしゅくをかったことを覚えている人も多いだろう。彼は敗者に対する配慮が足りない、奥ゆかしさがないなどの印象を持たれた。相撲では、感情を表出しないのが礼儀(マナー)となっているのである。つまり、「マナー」や「礼儀作法」はそれ自体が合理的根拠を持っているわけではなく、社会の伝統や慣習のなかに位置づいていると考えることができる。

マナーは、法と道徳の中間に位置づく準ルールであると言われる(矢野　二〇〇八、二三九頁)。法律(ルール)、マナー、道徳はいずれも個人の勝手な振る舞いを制限し、社会の秩序を守るものであるが、それぞれの違いはどこにあるのだろうか。第一章では、マナーや作法とはそもそも何であるのか、マナーを研究することにどのような意味があり、それを研究することで人間や社会のどのような側面が明らかになるのか、これらの問いに言及することによって、二章以下の各論文へと橋渡しをしていきたい。

1 ルール・マナー・道徳

「ルール」と「マナー」は、同列のものとしてしばしば用いられる。しかし、ルールとマナーは同じではない。ルールのなかには国民全体を拘束する法律、自治体が制定する条例、コミュニティや組織を単位として人びとの活動を制限するルールなどがある。

法律を破ればペナルティを受ける。その法律のなかには、殺人、強盗、窃盗など刑法によって厳しい罰則を受けるものもあれば、路上喫煙の防止を目的とした条例のように罰金を徴収されるものもある。また、法律ではないが、八時までには登校する、試験において不正を働いたら謹慎処分にするといった、学校などのそれぞれの組織やコミュニティが決めているルールがある。法律は社会的、制度的に認知されており、ルールのなかでもっとも厳格なものであるが、いずれにしてもルールは守らなくてはならない。ルールが守られないと社会はアノミー状態に陥ってしまう。ルールの特徴は、それが明文化されているという点である。「暗黙のルール」という表現もあるが、基本的には、法律、条例、規則、規定、ルールという形で明文化されており、だからこそ、違反者に対してはサンクションを加えることができるのである。「マネーにもマナーを」という消費者金融のコマーシャルがあったが、お金を借りたら返すのが当たり前で、これはマナーの問題ではなく、ルールの問題である。

これに対してマナーは、どうしても守らなくてはならないものではない。それは個人の裁量に任されている点に特徴がある。挨拶をする、電車のなかでは大声で話さない、身だしなみを整えるといった行為は、マナーに属するものである。マナーを破ると、時として叱責されることもあるが、罰則は加えられない。なぜなら、マナーはどうしても守らなければならないものとして強制される性質のものではなく、個人の裁量に任されているからである。その代わり、マナーが守れない人は恥ずかしい思いをするし、他者から軽蔑のまなざしで見られることになる。

「道徳」と「マナー」はどのような位相にあるのだろうか。マナーには、携帯マナー、運転マナー、ビジネスマナー、テーブルマナー、冠婚葬祭マナーなどがあり、場面や状況に応じて細かく規定されている。このなかで、携帯マナーや運転マナーは「他者への配慮」という側面を強くもっており、マナーが無視されると迷惑行為となってしまう。それに対して、テーブルマナーや冠婚葬祭マナーは他者に迷惑をかけるというより、「しきたり」に対する配慮という側面が強い。マナーは品格や優雅さとも結びついており、それは「礼法にかなったきちんとした礼は、何よりもまず礼をするその人を美しくする」(中野　一九九七、一三八頁)といった表現のなかに端的に表れている。いずれにしてもマナーには形があり、形として表現されなければならない。

「道徳」を大辞泉で引いてみると「人々が、善悪をわきまえて正しい行為をなすために、守り従わねばならない規範の総体。外面的・物理的強制を伴う法律と異なり、自発的に正しい行為へと促す内面的原理として働く」とある。つまり道徳は内面的原理であり、それがルールやマナーと結びつくことによって、行為として表象される。事例として適切かどうかわからないが、ヤクザは礼儀作法を重視する。「一番マナーのきちんとしているのはヤクザです。これはヤクザの世界は序列が決まっている。口のきき方まで決まっていますから」という(青年心理　一九九一、五頁)。しかし、ヤクザの行為は道徳的とは言えないだろう。なぜなら、親分に対しては礼儀正しいかも知れないが、一般の人びとに対しては虚勢を張り、しばしば暴力に訴える存在だからである。彼らは道徳的でもなければ、遵法精神に溢れているわけでもない。また、ヤクザの礼儀作法は美しくもなければ、品格があるとも言えない。彼らはヤクザ世界という特殊な管理社会のなかで、ある種のマニュアルにしたがって生きているだけである。法律やルールを遵守して行動するか否か、マナーを尊重するか否か、それは道徳心の持ち方によって大きな影響を受ける。道徳は「マナーとルールの双方に関わってその在り方を決定する要諦」(上杉　二〇一一、一〇四頁)ということができる。

以上、ルール、マナー、道徳の相違を考えると、「強制力を伴って現れるルールと、自発性と良心に任されているマナー」、「個人の内面的原理である道徳と、形の問題として現れるマナー」と整理することができるだろう。

2 マナーと(礼儀)作法

私たちの日常生活には、テレビの公共広告、電車内でのポスター、公園の立て看、大学での掲示物に見られるように、マナーという言葉が溢れている。マナーはその時代、その地域における文化であり、ある集団の間で認められた身体技法である。したがって、世代、地域、集団によってその内容に違いが生じ、正解を出しがたい問題の一つでもある。マナーの類似語にはルール、規範(意識)、エチケット、品格、品位、礼節、礼儀(礼儀作法)、行儀、作法、道徳などさまざまな言葉がある。このうち、マナーは礼儀、作法、礼儀作法、エチケットと同じような意味で使われているが、ニュアンスは微妙に異なっている。わが国の代表的な国語辞典である広辞苑をみると、マナーは「①様子、態度②行儀、作法　③風習、習慣」、エチケットは「礼儀、作法、礼法」となっており、マナー、エチケット、礼儀、作法は一つに括ることができるように思われる。反対に「礼儀」を広辞苑で調べてみると、「敬意をあらわす作法、礼の作法」、行儀は「立ち居振る舞いの作法」、作法は「起居・動作の正しい法式、きまり、しきたり」となっており、マナーという言葉は出現しない。「マナー」は明治時代になって西欧から輸入された言葉であり、それの訳語として「作法」や「礼儀作法」を当てたと考えることができるが、マナーと作法はまったく同じものではない。

この違いについて、武光誠は「日本では、伝統的な作法を教わることが道徳を身につけることだとされていた。作法と道徳とは切り離せないものであった。このことは作法の基礎となる型が、周囲の人間に対する気遣いを重んじるものであったことから生じた現象である」（武光　二〇〇八年、五三頁）と述べている。つまり、作法、道徳、教養は三位一体のものとして密接に結びつき、そのことによって型の文化としての日本的品性が形づくられたのである。これに対して西欧社会におけるマナーは、道徳とはまったく別物であり、マナーはマナーとして学ぶものであり、それは特権階級が身につけるべき振る舞いの形式を指すようになった（武光　二〇〇八、五三頁）。エリートとしての恥ずかしくない立居振舞を行い、そのことにとって一般大衆との差異化を行い、自己の優位を誇示するのである。ヨーロッパの国々は階級社会といわれ、そこでは上流階級と労働者階級に分かれている。この両者を区分けしているものの一つがマナーである。少し古くなるが、フランスの俳優アラン・ドロンの出世作である映画「太陽がいっぱい」では、悪友フィリップ（モーリス・ロネ）を、彼の父親の頼みで連れ戻しにきた貧乏な若者トム（アラン・ドロン）という設定で映画は展開する。フィリップは金持ちであり、上流階級に育った彼は、下層階級に育ったトムをことあるごとに見下すことになる。映画のワンシーンでは、「魚料理にナイフは使わないものだ」とトムをあざ笑い、「上品ぶることが下品なことだ」と言い放つのである。マナー（作法）を知らないトムは、上品ぶっては軽蔑され、素のままの自分でも軽蔑されるという蟻地獄を体験するのである。あるいは、オードリー・ヘップバーン主演のミュージカル映画「マイ・フェア・レディ」を見てみよう。この映画で、オードリー扮するイライザは花売り娘である。花を売り歩いていたイライザはある夜、ヒギンス博士に言葉の訛りを指摘され、訛りの矯正と貴婦人になるための礼儀作法を学ぶことになる。それから四ヶ月、イライザはマナーを身につけた美しい婦人として社交界にデビューする。私たちはこうした映画を通して、階級社会においてマナーとは何であるのかを理解することができるのである。

武光誠は、西洋のマナーは優雅ではあるが、それを身につけている者がマナーを習わない下層の人びとを野卑な者として見下す意地悪さが隠されていること、西欧のマナーは禁忌から生じており、西欧のマナーは「やってはならないこと」に近く、マナー違反は批判の対象になる。これに対して日本のマナー（作法）は周囲の人に対する気遣いを意味し、「周囲の者に暖かい気配りができる人間になりたい」とする考えから作られたという（武光　二〇〇八、一四-二六頁）。マナーと作法の異同を考えるにあたって参考になる説明である。

全体としてマナーと作法はオーバーラップするところが多いが、完全に同じではない。特に、その成立過程にさかのぼるとき、両者の違いがよくわかる。また、この二つの言葉は「他者に対する配慮」という表面的な意味以上の、「型」「品格」「美しさ・優美さ」「教養」「人間形成」など、多様で深い意味を有していることを強調しておきたい。

3 マナー研究の五つの視点

このマナーを射程として、どのような研究課題が立ち上がってくるのか、また、マナーを研究することにどのような意義があるのか、五つの視点から考察していきたい。

第一に、人間にとって、あるいは、人間形成にとってマナーや作法とは何であるのかという問いである。

社会規範としての「法」や「ルール」、また、「道徳」や「倫理」については多くの研究が蓄積されている。また、法やルールについては法学が、道徳や倫理については哲学、倫理学、教育学という学問分野が対応している。それに対して、法と道徳の中間に位置し、「準ルール」と言われるマナーは十分な研究が行われていないだけでなく、それに対応する学問領域も存在していない。その一方で、「食事のマナー」「冠婚葬祭のマナー」などマナー書はたくさん刊行されている。このマナー書は「〜するべし」「〜するべからず」のレトリックで書かれていることから考えると、マナー書は教育学書や社会学書の前身でもある(矢野　二〇〇八、二三九–二四〇頁)。また、イギリスでは「マナー・メークス・キャラクター」(マナーが人間をつくる)とも言われる。人格形成は、知識をたくさん得ることのみではなされない。人間はマナーを身につけてこそ、教養ある人、品格ある人とみなされる。そう考えると、マナー問題は教育学や社会学が取り組むべき重要な課題として位置づいてくる。

マナーに反する振る舞いは人びとを不愉快な気分にさせるが、犯罪のように社会秩序に重要な脅威をもたらすものでもなければ、道徳に反する行為のように人間性の本質に及ぶテーマでもない。したがって、マナーの問題は私たちにとって表面的に位置づけられがちである。しかし、マナーは決して表面的な問題ではなく、人間形成の根幹に深く根ざした問題なのである。マナーは躾を通して身体化されるので、家庭における躾、学校におけるマナーの教育、社会教育におけるマナーを守ろうというスローガンなどのように、マナーを伝えることには多くのエネルギーを使ってきた。しかし、マナーはたんなる相手への気遣いという点に帰するのではなく、品位や品格と結びついている。新渡戸稲造の『武士道』を開いてみると「礼法を通じて本当に高い精神的境地に達することができる」(新渡戸一九九三、七八頁)という。作法(礼法)の目的は、精神の陶冶にあると考えられたのである。とすれば、マナーは「他者への気遣い」を超えた以上のものをもっている。マナーに関する研究は、マナーの伝達には関心をもってきたが、マナーとは何かという根源的な問いについては答えようとしてこなかった。マナーは私たちにとってどのような意味を持っているのか、人間形成にとってマナーとは何であるのか、この問いに答えることが求められている。

第二に、マナーや作法が歴史のなかでどのように現れ、変質していったのかという問いである。いわば、歴史的視点からマナーを問うという方向である。

そもそもマナーに普遍的な姿は存在せず、マナーの形式はたいていの場合、合理的根拠のあるものではない。それは多くの場合、それぞれの文化のなかで、歴史的に生成されて今日の姿となったのである。N・エリアスの著作によれば、ヨーロッパ中世の騎士たちは、人前で平気で排泄をし、また、今日の視点でみるととても残忍でむごたらしく、他人が苦しみ殺されていくのを楽しんだという。ところが、一六世紀、一七世紀になって中央集権的な絶対王政が成立し、国王を中心とした宮廷生活が始まると、地方にあった封建領主や騎士たちは貴族となって宮廷に移り住み、そこで洗練された身体技法(マナー)が成立した。集団で生活し、秩序を生み出すためには、自己の衝動を抑制しなければならなくなったからであり、この身体技法はブルジョア階級にも浸透していった。エリアスは、他者に配慮するために自己の身体を抑制することがマナーであり、文明化であり、近代的自我の起源であると考えた。

他方、日本では(礼儀)作法が発達した。日本の作法は、小笠原流の礼法からくるものが多い。小笠原流は室町時代に作られた公家の有職故実の系譜をひく礼法であり、武家の礼法である。それが江戸時代になって庶民に取り入れられるようになると、お辞儀やふすまの開け方など、小笠原流の作法が支配的になっていったという(武光　二〇〇八、一五八頁)。ところが明治時代になると、社会が大きく変化したことに加えて、西欧のマナーがもたらされたため、歴史的に形成されてきた日本人の作法の型が崩れ、アノミー状態になった。もっとも大きい要因は言うまでもなく、西欧の文化が日本に流入したことによって衣・食・住の様式が変わったことである。和服が洋服になり、草履が靴にかわり、食事をするのにナイフやフォークが加わるなど、それまで身につけてきた作法では通用しなくなった。これを立て直すために政府が始めたのが国民礼法である。明治末から大正初期にかけて「小学校作法教授要項」「師範学校・中学校作法教授要項」などの作法教授要項が示され、学校教育を通して挨拶の仕方、往来の歩き方、座り方、お見送りの仕方など「日本人の作法」が形成されていった。こうした過程のなかで小笠原流は、学校教育のなかに取り入れられ、とりわけ女子の礼法として広く用いられた。また、佐藤秀夫が指摘するように、日本の学校では儀式・行事が、外国に比べて特に念入りでひんぱんであり(佐藤　一九八七、四四頁)、そうした場面を通して作法教育が積極的に行われたと考えることができる。日本においてマナーは、作法教育を通して身体化されていったのである。

第三に、マナーのもっている社会的機能について考察することである。このことはマナーとは何かという問いと重なる部分がある。

すでにヨーロッパにおけるマナーの成立過程について述べたように、マナーの獲得は社会的階層と関連している。マナーを身につけているのは支配階層であり、被支配階層は十分なマナーを身につけていない。そのためマナーは、階層的、身分的なものになり、人柄と品性を映す鏡となる。例えば、P・ブルデューのハビトゥスという概念は、ある階級・集団に特有の行動・知覚様式を生産する規範システム(ブルデュー　一九八九、Ⅵ頁)とされるが、そのなかにはマナーも含まれる。そして、マナーは家庭や学校教育を通して獲得されるのであるが、マナーをもつ者ともたざる者とに分かれ、階級を再生産していく要因の一つに位置づけられている。

エリアスは、マナーが誕生し洗練されていくプロセスを文明化と考えているので、マナーを身につけている人は文明人であり、身につけていない人は野蛮人ということになる。野蛮人は軽蔑されるが、それは植民地主義にも通じる。だから日本でも、明治期には外国から野蛮人と思われないように西欧のマナーを取り入れる必要があり、明治一～三〇年にかけて「西欧の未知の風俗」を輸入・紹介するという目的で翻訳の礼儀作法書が多数編まれた(竹内　二〇〇二、一二八頁)。明治維新とは、西欧のマナーを取り入れることによって、まさに「文明」を「開化」させようとしたのである。マナーはまた、「大人」と「子ども」を分けることにおいても一役かっている。マナーの出現は近代人＝今日の大人を生み出し、マナーを知る大人と未だマナーを知らない子どもという、大人と子どもとの間に差異を生み出した。そして、子どもに作法を教えるための礼儀作法書が出版されるようになったのである。

他方で、マナーは人と人とをつなぐ機能を有している。人が社会を作っていくためにはマナーやルールを守らなくてはならない。マナーやルールを守ることによって、私たちは快適な日常生活を送ることができる。例えば「あいさつ」を考えてみよう。マナーといえば「あいさつ」を思い浮かべる人も多いだろう。社会的接触において個人は常に他人とのある不確かな関係に置かれていて不安に陥るが、「あいさつ」によってその不確かさを消去しようとする。うまくこれが行えれば、他者との接触における不安が除去されて、コミュニケーションが可能になる(青木、二〇〇六、二七頁)。人間どうしの結びつきを考えれば、あいさつは不可欠の行為であり、それだけに普遍的行為でもある。このように共通の身体技法(マナー)を有することによって社会は成り立っているのであって、それを欠いてしまえば人びとがつながって社会を構成することなどできない。

マナーを身につけることは、人々を公共圏につなぎとめるとともに、快適な生活に導くことになる。反対にマナーを身につけていないと、さまざまな人間関係や社会関係から排除されることになりかねない。マナーは人々を、〈つなぐ〉機能と〈差異化する〉機能、人と人を〈結びつける〉機能と、人と人を〈切り離す〉という相反する二つの機能を持っている。

第四に、私たちの社会でマナーはどのような状態にあり、人びとはそれをどのように守っているのかという問いであり、また、マナーを社会全体としてどのように育てていくのかといった実践的課題である。

マナーは、自由な主体の活動を通じて構成される公共空間において、他者や共通世界への関心・配慮・参加の成果として、協同して作り上げられる作品である。子どもにマナーを伝えることは、ヒトとヒトとの「あいだ・つながり」としての共通世界を関知させるものであり、また、マナーを守り実践する行為は、公共世界に参加しているという実感や悦びを伴う。他方で、マナーは、道徳としての義務でもなければ、法律による強制でもない、いわば「自由」が担保されている領域である。それ故、マナーを欠く行為が目につきやすく、それが人びとを不快にさせる。したがって、人びとはマナーにどのような意識を持っているのか、学校をはじめとした空間においてマナーをどのように育てていくかが、実践的研究課題として検討されなければならない。

他方で、私たちの社会ではマナーの乱れがしばしば問題視される。新渡戸稲造は一〇〇年以上も前に出版された『武士道』のなかで「外国人旅行客は誰でも、日本人の礼儀正しさと品性のよいことに気づいている」(新渡戸　一九九三、七二頁)と述べている。今日では、むかしの日本人は礼儀正しかったが、今の日本人は礼儀やマナーの精神を忘れてしまったという言説が氾濫している。例えば中野孝次『現代人の作法』には、昔と比べて今の日本人のマナー(礼儀作法)は地に落ちているといった記述で溢れている。「現代社会の作法のみだれは誰もが目に余ると感じていながら、どうにもならずさらにみだれていくだけのようである」(中野　一九九七、一九九頁)。私に言わせれば、この本は例外的なマナー違反をいかにも一般的事がらとして強調しており、その論理構成に問題がありはしないかと思う。しかし、新聞などでよく取り上げられるように「マナーの悪さ」が日常的に問題視されていることも確かである。とりわけ公共場面における子ども・若者のマナーの低下が指摘され、それが今日の子ども・若者観に反映し、ひいては若者批判に連なっているのではないかと考えている。もちろん、マナーに関する権力は年長者の側にあるので、多くの場合は年長者の視点から見たマナーの乱れである。このことに留意しながらも、私たちの社会においてマナーがどのような状態になっているのか、若者を中心として、公共の場でのマナーにどのような意識を持ち、迷惑行為に対してどのように感じているのか明らかにしなければならない。

第五に、マナーが人びとにどのように伝達され、共有されていくのか、そのプロセスを明らかにしていくことが必要である。マナーは家庭での躾や学校教育を通して身体化されるが、社会教育や企業内教育にとっても重要な課題となっている。人間形成という視点で考えると、マナーは共通世界・公共世界の広がりに連動して育っていくので、マナーの育つことが、大人の世界への参加とつながっていく。この視点から、マナーを教育とつなげて考えていくことが必要である。

マナーは家庭での躾によって身につくことが多い。そのマナーには、食事の前の手洗い、食事の時の作法、「おはよう」「さよなら」などのあいさつ、背筋を伸ばすなどの姿勢、言葉づかい、身体を清潔に保つこと、公共の乗り物では大声を出さないことなど、数多くの項目がある。日本では従来、子どもをたしなめるのに「そんなことをすると、ひとさまに笑われますよ」というのがきまり文句であり(我妻・原　一九七四、一六二頁)、世間体や羞恥心に訴えることでマナーを身につけさせてきた。現代社会では、家庭での躾がなおざりになったという言説は根強い。それは「家庭での教育に関して日本は今やヨーロッパと比較してまったくそれの行われない野蛮国になってしまったかのようだ」(中野　一九九七、四〇―四一頁)との言説に象徴される。これに対して広田照幸は、かつて礼儀作法や道徳などを親が細かく教え込んでいたのは、都市のサラリーマン・インテリ層や地方農村の富裕層に過ぎなかった。ところが今日では「教育する家族」が広がり、「親たちは以前よりも熱心にわが子の教育に取り組むようになってきている」(広田　一九九九、一八〇頁)という。こうした躾の実相については広田の見解を支持するが、同時に、躾の中身も問われなくてはならない。保護者はどのような価値を子どもに伝えようとしているのか、そのなかでマナーはどのように位置づいているのだろうか。

学校教育も子どもたちにマナーを伝える主要なエージェントである。ルールの遵守はもちろんであるが、それとともにマナーの教化を重視する教員も少なくない。平成二四年度から中学校においては武道が必修化された。男女とも一、二年生の体育の授業で原則、柔道、剣道、相撲のいずれかを学ぶというものである。柔道の指導にあたっては、安全を確保したうえでの指導ができるのか、心配されている。そもそも、なぜ武道が必修化されたのだろうか。学習指導要領では「武道は、相手と直接に攻防するという特徴があるので、相手を尊重し合うための独自の作法、所作を守ることに取り組もうとすることを示している。そのため、自分で自分を律する克己の心を表すものとして礼儀を守るという考えがあることを理解し、取り組めるようにする」とある。武道は「礼に始まり礼に終わる」とも言われるので、礼儀作法との関連を重要視して武道の必修化が導入されたと考えることができる。

あいさつ運動は、日本の各地の学校で展開されている。高校のホームページを開いてみると、マナー教育の推進を実践している学校もある。とりわけ女子校には、「マナー」=「品格」の視点から、マナー教育を重視する学校も多い。近年の特徴として、大学におけるマナー教育も盛んになっている。キャンパスのなかで、遅刻、私語、授業中の飲食、着帽、席の独占、ジベタリアン、授業中のケータイいじりなど、授業以前に何とかしたい問題が噴出している。これに対して大学側は、マナーをルールに置き換えるなどのさまざまな対策をとっているが、ルール化しても問題が解決するわけではない。そのために、大学におけるマナー教育を初年次教育やキャリア教育と絡めながら実践している大学が多くなってきたのである。大学でのマナー教育は、ビジネスマナーが中心であるが、これに限られるわけではない。さらには社会教育や企業内教育においてもマナー教育が実践されている。これらのマナー教育が何を目的として実践され、どのような効果を上げているのか、検証が必要であろう。

おわりに

マナーや作法は道徳原理のように義務としての普遍性をもっておらず、また、ルールのように制度化された権威をもっているわけでもない。マナーや作法はそれ自体に合理的な根拠をもっていない。それは伝統として強制されることによって身につくものである。その伝統は社会や文化によってまちまちであり、韓国社会を考えれば「上下の人間関係」がマナー行為の基幹をなしているが、アメリカでのマナーはこのような原理では動いていない。そのため、その正当性の根拠が失われるなら、躾として強制する論理もなくなってしまう。どこまで有効であったか分からないが、戦前には国民礼法があり、それがマナーの一つの基準を提供していた。しかし、戦後のめまぐるしく変化する日本社会では、マナーが迷惑行為を防止するものとしてのみ浮かび上がるようになり、もともと持っていた意味の豊かさが失われてきた。かつての家庭教育では「不作法」をなじられることが多かったが、今日、この言葉は死語と化しつつある。

マナーや作法と私たち日本人はどのように向き合い、変質させてきたのか、今日みられるマナーの形骸化はどのような問題を惹起しているのか、そして、公共的な世界に参加するとともに品格と教養のある子ども・若者を形成していくにはマナーとどのように向き合えばよいのか。マナーの範囲は広く、近年注目されているシティズンシップ教育や、あるいは、モンスターペアレントなどの問題も、マナーの問題と無関係ではない。本書は、マナーと作法の問題を正面に据えて、①マナーの本質は何か、②マナーは歴史的にどのように成立したのか、③マナーの社会的機能は何か、④マナーはどのように守られているか、⑤マナーはどのように伝達されているか、これら五つの視点から読み解こうとする試みである。

《引用・参考文献》

・青木保、二〇〇六年　『儀礼の象徴性』岩波現代文庫
・エリアス、N.、一九七七年　赤井慧爾ほか訳『文明化の過程―ヨーロッパ上流階層の風俗の変遷』上　法政大学出版局＝Elias, N., 1969a *Über den Prozess der Zivilisation, Erster Band*, Bern;München:Francke Verlag.

・エリアス、N.、一九七八年　波田節夫ほか訳『文明化の過程―社会の変遷／文明化の理論のための見取図』下　法政大学出版局＝Elias, N., 1969b *Über den Prozess der Zivilisation, Zweiter Band*, Bern;München:Francke Verlag.
・加太こうじ他、一九九九年　「何がほんとうの〈マナー〉か」『青年心理』八八号
・佐藤秀夫、一九八七年　『学校ことはじめ事典』小学館
・竹内里欧、二〇〇二年　「「欧化」と「国粋」―礼儀作法書のレトリック」『ソシオロジ』一四三号
・武光誠、二〇〇八年　『「型」と日本人―品性ある国の作法と美意識』ＰＨＰ新書
・中野孝次、一九九七年　『現代人の作法』岩波新書
・新渡戸稲造、奈良本達也訳・解説、一九九三年　『武士道』三笠書房
・広田照幸、一九九九年　『日本人のしつけは衰退したか』講談社現代新書
・ブルデュー、P.、一九八九年　石井洋二郎訳『ディスタンクシオン―社会的判断力批判』Ⅰ　藤原書店＝Bourdieu, P., 1979, *La distinction: critique sociale du jugement*, Paris:Éditions de Minuit.
・見田宗介・栗原彬・田中義久編、一九八八年　『社会学事典』弘文堂
・矢野智司、二〇〇八年　『贈与と交換の教育学―漱石、賢治と純粋贈与のレッスン』東京大学出版会
・我妻洋・原ひろ子、一九七四年　『しつけ』弘文堂

第二章

現代社会におけるマナーの諸相

加野　芳正（香川大学）

はじめに

「市民社会」とは、基本的には「市民的な無関心によってつながれる社会である。そこには、コントロールされた「まなざし」があり、「礼儀正しい＝市民の」身体がある。過剰で無作法な「まなざし」はそこでは許されない。「市民とは」、そうしたまなざしと身体を持つ者のことである。そして、そのようなまなざしとまなざし、身体と身体とが並び、結ばれる場所が、「市民社会」と呼ばれる場所なのである（奥村　一九九八、一九四頁より）。

1 マナーはどこからきたのか

(一) 西欧におけるマナーの誕生

もともとマナーという言葉はヨーロッパで生まれ、明治になって日本にもたらされたものである。そのマナーは、それを身につけている人と身につけていない人とを分断する。ヨーロッパのような階級社会では、貴族・ブルジョア階級の人びとは、マナーによって自分たちの身分を誇示し、マナーを身につけていない労働者階級の人びとを蔑視した。

イギリスで支配階級を代表するのが「ジェントルマン」である。イギリス史をひもとくと、近世・近代を通じてイギリス社会を大きく二つに分かつ区分線はジェントルマンであるものとないものとの間にひかれてきた。ジェントルマンは「支配する少数者」であり、彼らは教養ある人でなければならなかった。その教養には、古典だけでなく、より宮廷的感性に接近した、音楽、詩、舞踊などを含み、作法や礼節をわきまえることが強調された。そして、ジェントルマンの理念形成にあずかったのが、パブリック・スクールやオックスフォード、ケンブリッジ両大学の教育である(村岡・川北編一九八六、一〇六-一一〇頁)。もちろん、社会の近代化は民主化や平等化を促していくし、世界で進む経済のグローバル化は国家内部の秩序に大きな変更をもたらしている。したがって、階級的秩序は徐々に薄まってはいるものの、マナーは階級的秩序のなかに生き続けている。

そもそも西欧社会において、マナーはどのように生成し、発展してきたのだろうか。マナーとは、衝動や感情の自己抑制を行い、他者に迷惑や不快感を与えないための身体技法である。このようなマナーの性格から考えて、人間相互の関係が緊密になるほど必要とされる度合いが高まっていったことは容易に想像がつく。人間が他者に依存せず、独立自営の営みをしている状況であれば、マナーなど必要ないであろう。

マナーは、ヨーロッパの中世後期に誕生した宮廷社会において誕生し、洗練されていったと言われる。それを見事に描いて見せたのがN・エリアスの研究である。彼の著作『文明化の過程(上)』のなかでは、一五三〇年に出版されたエラスムス(D. Erasmus　1466頃–1536)の『少年礼儀作法論』が繰り返し取り上げられている。『少年礼儀作法論』は出版されると直ちに非常な普及を見せ、次々と版を重ねていった。このエラスムスの書物が出版されたのは、古い騎士的封建的貴族階層が没落しつつあり、一方で、新しい宮廷的独裁的階層が形成されつつあった時代である。したがって、中世の作法を多く含みながらも、近代と共通する振る舞いについての指示もみられるという過渡期の社会の産物であった。今日(近代)では当たり前のことと思われることが、過去の時代では当たり前のことではなかった。エリアスによれば、長期の歴史的スパンで考察していくと、現在では食事に欠かせないナイフ、フォーク、スプーン、ナプキンの使い方から、洟(はなじる)を吸い込んだりつばを吐いたりする行為、寝室での作法に至るまで、もはや公共の場では見られなくなった振る舞いが、昔は標準的な振る舞いであったという。例えばエラスムスの『少年礼儀作法論』には「小便もしくは大便をしている人に挨拶することは、不作法なことである。育ちのよい人間は、自然が羞恥心と結びつけている体の部分を、必要もないのに露出するようなことはしてはいけない」(エリアス、一九七七、二七四頁)と書かれていることを紹介し、この記述からエリアスは、それ以前の時代と比較すれば、羞恥心を感じる範囲の著しい広がりを表しているが、後の時代と比べれば、耐えられないほどの天真爛漫さ、すなわち、羞恥心の欠如を示しているという(エリアス、一九七七、二八二頁)。ここでエリアスが強調するのは、羞恥心、不快感、感情の抑制といった「礼儀正しさ」の基準が高まっていったという事実であり、こうした事実が文明化の過程であるという。そのことを別の言葉で表現すれば「不快感」の拡大である。三浦雅士は「不快感こそが文明の核なのだ、と、エリアスは考える。そしてその不快を感じる領域の拡大の過程こそ、ヨーロッパの文明化の過程にほかならなかったと考える」(三浦、一九九四、六二頁)と述べている。

エリアスは、人びとに「礼儀正しさ」がもたらされたのは、王のもとで多くの人びとが複雑に相互依存しあう「宮廷」においてであったという。宮廷では、社交が繰り広げられ、マナーを身につける必要が生じ、かつ「自己抑制」の技法が必要になった。こうして、王侯貴族の間にマナーが広がり、そのマナーはさらに洗練されて、立居振舞の全般にわたってマナーが浸透するようになった。そこでは、他者を不快にさせないということだけでなく、美しさや優美さが大事にされた。しかし、このマナーはその発生過程から明らかなように、上流階層のものであって、庶民のものではなかった。そして一八世紀、一九世紀、二〇世紀と現代に近づくプロセスのなかで、徐々に庶民の間に広がっていったのである。重要なことは、自己の衝動を内面から規制するようなパーソナリティが誕生し、それが近代的自我と呼ばれるものの内実を構成していったという指摘であろう。

マナーを〈大人―子ども〉関係の中に位置づけるとどうなるであろうか。中世においては成人の本能生活が服していた規制や抑制が文明の現段階と比べてはるかに弱く、したがって、成人と子どもの作法の差もそれほど大きくはなかった。しかし、文明の現段階において形成された基準は、マナーを身につけている大人、身につけていない子どもという形で両者を隔てることになる。そのために子どもは大人になるために急いでマナーを身につけなくてはならず、躾の対象となり、矯正の対象となっていくのである。先に紹介したエラスムス『少年礼儀作法論』は、今日でいえば躾のためのマナー本である。マナーの出現は近代人＝今日の大人を生み出し、マナーを知る大人と未だマナーを知らない子どもという形で、大人と子どもとの差異を生み出した。そして、子どもに作法を教えるための礼儀作法書が出版されるようになった。マナーはそれを身につけている貴族・ブルジョアジーと身につけていない庶民という形で切断線をいれるとともに、マナーを身につけている大人と身につけていない子どもという形でも、両者の間に切断線を入れたのである。

ここでの話を少しまとめておこう。マナーは中世後期から近世に至る宮廷生活のなかで徐々に誕生していった。そのマナーは「自己抑制」という近代的自我へと結びついていった。そして、マナーが社会階級を分け、大人と子どもを分け隔てたのである。

(二) 文明開化のなかのマナーと作法

次に、わが国のことに視点を移してみたい。日本においてマナーに類する言葉は、「作法」や「礼儀作法」である。日本では江戸時代まで、和室における作法には小笠原流の礼法からくるものが多いといわれる。小笠原流は、室町時代につくられた公家の有職故実の系譜をひく礼法である。この礼法は、江戸時代には武士の作法として広く定着したが、同時に庶民の間にも広がっていった。明治になると、小笠原流の作法は学校教育の中に取り入れられ、とりわけ女子の礼法として広く用いられた。

江戸時代の幕藩体制下にあっては、それぞれの藩が一つの国であり、言葉も作法も統一されていなかった。したがって、明治政府が推進した大きな文化事業の一つに言語の標準化(標準語の策定)と作法の標準化がある。言語については、明治中期以降推進され、「政府によって定められた標準語は新聞、雑誌、教科書などで使われるようになり、小学校は、その広がりに大きな力を発揮」(横山二〇〇九、二三—四頁)するところとなった。わが国における国定教科書制度が成立したのは一九〇三年のことであり、この国定教科書により、標準語が広がっていったと考えられる。

作法についてはどうだろうか。横山によれば、江戸時代から明治時代へと移行した日本において、行儀作法の姿は日本各地、各種の流儀に加え、西洋からもたらされた様式の広がりにより、混沌とした状態であったという(横山　二〇一〇、Ⅳ頁)。そうした中で、明治時代から昭和にかけて実に多くの礼儀作法書が刊行された。明治元年から昭和二〇年にかけて、日本国内で出版された礼法・礼儀作法・マナーなどを内容とする著作物を集めた『近代日本礼儀作法書誌事典』(陶・綿抜編　二〇〇六)には四〇一タイトルの礼儀作法書が収録されている。これらの礼法書は、時代によって傾向を異にしており、竹内によると、明治一～三〇年にかけて「西欧の未知の風俗」を輸入・紹介するという目的で翻訳の礼儀作法書が多数編まれた。欧米の作法書を翻訳することによって、西欧のマナーを紹介しようと試みたのである(竹内　二〇〇二、一二八頁)。実際に和服から洋服へと服装が変わり、官庁や学校では椅子が採用された。そもそも学校そのものが西洋から輸入された制度であり、その学校に子どもたちが通い始めることによって、西欧のマナー(作法)が広く日本全国に、つまり西欧人など見たこともない田舎にまで広がっていったと考えることができる。全国どこの学校でも見られる立礼(「起立、礼」)の光景は、明治以降に誕生したのである。

ところで、このような欧化政策が産業や軍事の面だけでなく、マナー(作法)にまで及んだのは、マナーが殖産興業や強兵と関連していることもあるが(例えば、あいさつや敬礼は軍隊に不可欠である)、それ以上に、文明化こそが一等国の証(あかし)であり、その文明化のためには、国民をしてマナーを身につけさせることが不可欠と考えられたからであろう。このことは、明治時代に日本がなぜ、社交の場としての「鹿鳴館」を建設しなければならなかったのかをよく説明できる。国民がマナーを身につけていれば文明国であり、身につけていない国は野蛮な国である。文明開花のためには社交の世界が必要であり、マナーを身につけた日本人を世界にアピールすることが必要だったのである。

すでにエリアスの研究で紹介してきたように、西欧におけるマナーの発展は「文明化の過程」と呼ばれ、したがって、マナーを身につけていない人は文明化されていない人であり、野蛮人であるとみなされるようになった。そうした野蛮人のいる国は、野蛮な国であり、一等国とは言えない。そのことは、あいさつや身だしなみのことだけではない。澤野雅樹はこのような文脈から癩病(ハンセン病)患者の隔離が始まったことを丁寧に描いている。「癩者の存在は野蛮の象徴である(西欧列強に癩者は存在しない)・「日本帝国」は文明化の道を歩まねばならない(しかし夥しい数の癩者が存在する)・ゆえに「日本帝国」は文明化の歩みに伴って癩者を駆逐せねばならない(癩者の生命を漸進的に消滅に追いやらねばならない)」(澤野　一九九四、五六－七頁)。こうして、それまで国内に散在していた癩病患者を孤島に隔離していく政策が導かれることになったのである。

だからといって、日本の作法を否定して西洋の作法が全面的に採用されたわけではない。竹内によれば、「日本の作法」と「西欧の作法」が相克するなかで、〈和〉と〈洋〉の葛藤の解消戦略として、1．排除戦略Ⅰ－西欧化、2．分離戦略、3．排除戦略Ⅱ－日本への回帰、4．(第三項導入による)融和戦略、の四つが併存したことを示している(竹内　二〇〇二、一三〇－一三八頁)。このことは、マナーのあり方は〈和〉〈洋〉の二重性による葛藤と混乱があったことを教えてくれる。

明治も終わりに近づくと、経済発展に伴う大衆社会状況が出現し、風紀の乱れを憂慮する声が高まってきた。そうしたなかで明治四三(一九一〇)年六月、文部省内に設置された「作法教授法調査委員会」は、作法に関する全国調査を行って文部大臣に報告書を提出し、それを受けて同年一二月には、「小学校作法教授要項」が、翌四四年には「師範学校・中学校作法教授要項」が出され、これをもとに『小学作法』や『中学作法』などの教科書が作られた。参考までに「師範学校・中学校作法教授要項」をひもといてみると、この要項は一七の章から成り、第一章　居常ノ心得、第二章　姿勢及進退、第三章　敬礼、第四章　服装、第五章　授受進撤、第六章　招待及応招、第七章　食事及饗応、第八章　言語応対、第九章　訪問ノ心得、等々と続いている。そして各章では、きめ細かい身体の所作が記されており、(例えば「直立姿勢」―両足ノ踵ヲ接シ足先ヲ凡ソ六十度ニ開キ上体ヲ真直ニ保チ下腹部ニ少々力ヲ入ルルヨウニシ両手ハ事前ニ垂ラシ口ヲ閉ジ眼ハ前方ヲ正視スヘシ)、今日的視点からみると、やや滑稽な印象すら受ける。しかし、江戸時代に直立姿勢が求められるような場面はほとんどなかったであろうから、こうした身体技法が西洋からもたらされたものを手本としていることは確かであろう。明治になって、学校や軍隊を中心として直立姿勢の場面が増え、そのために作法として定型化されたのである。この作法要項がどの程度、児童や生徒に受け入れられ、国民のあいだに浸透していったのかは定かでないが、今日なお受け継がれているものも少なくないであろう。それは、卒業式の証書を受け取る児童生徒の身体に受け継がれているかも知れないし、フライトアテンダントの訓練の中に生かされているかも知れない。図書館マナーの形成を、近代礼法書における記述の変遷からたどった呑海は、「図書館マナーの受容において、礼法教育の国家基準ともいえる『礼法要項』に、図書館における振舞いが掲載され、その後、『礼法要項』の内容を踏襲した礼法書が刊行されたことの意義は大きい。このことによって、「図書館におけるあるべきふるまい」についての全国化や標準化が推進され、「図書館のマナー」として形成されたものと考えられる」と述べている(呑海　二〇一一、八六頁)。図書館マナーに限らず、礼儀作法の要項が作成され、礼法書が発表されることによって、広く国民の作法・礼法が標準化されることになった。したがって、国民礼法の普及に果たした学校の役割もまた大きかったといえよう。明治末期から大正にかけて作られた作法要項は、学校教育を経由しながら、日本人の作法を形作っていったのである。

(三) 現代社会とマナーの特質

戦後になって、マナーや作法を学校で体系的に教えることは少なくなった。その結果として、子どもたちがマナーや礼儀作法を学ぶ機会も少なくなった。同時に、マナーの意味内容や必要とされる場も大きく変質した。第一に、戦前には強かった家の観念が弱まるとともに、家族の規模も縮小してきた。家の中でのマナーや作法は、タテの人間関係において必要とされることが多かったが、個人主義や平等主義が伸長することにより、必要性を失ってきた。戦後におけるマナーの特徴は、「家の中」から「家の外」へとシフトした点であろう。公園、教室、電車の中など、集まりの空間においてマナーが重視されるようになった。第二に、マナーの重視される場が「家の中」から「家の外」へと変化したことに伴って、マナーがもっていた教養を身につけるという側面や、精神性を養うなどの側面が縮減され、他者に迷惑をかけない、市民生活を快適に送るといった意味へと集約されていった。このことをもう少し詳しく検討していきたい。

戦前の日本においてはマナーという言葉は広くは普及しておらず、礼儀、作法、礼儀作法などの言葉が使われた。この礼儀や作法は、家の外でも用いられたが、それが重視された主な場所は家の中であった。なぜなら、家族はタテ社会を基本としており、祖父母、両親、子どもの三世代同居で構成される家族の規模は大きかったので、家の秩序を礼儀・作法によって統制しなければならなかったからである。ところが戦後、家族の民主化(成員の平等化)が進行し、核家族化に伴って家族の規模は小さくなったので、タテの関係が希薄になり、礼儀や作法はさほど必要とされなくなった。また、家族の歴史を考えれば、伝統的家族は教育、福祉、仕事などの多くの役割を担っていたが、近代家族は、保育は保育所に、病気療養は病院に、老後は福祉施設に、仕事は職場に、子どもの勉強は塾に、葬式は葬儀場に、というように外部に委託する傾向を強めてきた。その結果、家族の役割は子どもの社会化と大人のパーソナリティの安定に特化することになり、礼儀や作法は家族の中からしだいに消えていった。半面で重要視されるようになったのがマナーやエチケットである。マナーやエチケットは、家族の中で不必要とはいわないが（親しき仲にも礼儀あり！）、家庭外の集まりの空間でより必要とされるものであり、対人関係のなかで求められるものである。その代表が、ビジネスマナーや冠婚葬祭のマナーであろう。熊倉功夫は「戦前の礼法書では家の中のマナーが中心となっていたが、戦後の礼法書は、その部分が極端に少なくなったことであろう。新しくビジネスマナー本というジャンルの本が登場してきたのも戦後の現象で、まさに家の中のマナーであるべきものが、家庭の外へ、職場へと場を移していった結果である」（熊倉　一九九九、二三三頁）と述べている。

ここで大事なのは、マナーや礼儀作法が家の外に移っていっただけでなく、マナーや礼儀作法の内容が変質していったことである。その背景にあるのは、見知らぬ人と人との接触機会が増え、それとともに気遣いをしなければならない空間が拡大していったことにある。電車の中では携帯電話を控える、電車に乗る時には順番に並ぶ、ゴミはゴミ箱に捨てるなどの行為は、市民社会を快適に送るために必要な行為である。ゴミが所かまわず捨てられたり、電車の中で大声を出されると、多くの人は不快な気持ちになるだろう。これらは、一般に迷惑行為である。迷惑行為は周囲の人との調和を乱す行為であり、周りの人への配慮を欠いた行為である。こうして社会の変化とともに、常に新しいマナーの領域を誕生させることになる。情報化技術の進んだ今日、携帯マナーやネットマナーの領域が新たに確立したのはその一例である。

ここに小笠原流礼法を継いだ小笠原忠統（一九一九〜一九九六）による『知っておきたい礼儀作法』という作法の入門書がある。これを開いてみると「美しい立居振舞い」「訪問とおもてなし」「美しい言葉づかい」「お金の包み方」「洋食のいただき方」「和食のいただき方」が目次として並んでいる。それら具体的礼法にあたってみると、歩き方、正座の仕方、おじぎの仕方、ふすまの開け方・閉め方、お茶とお菓子のいただき方、敬語のつかいかた、結婚祝いの水引の結び方、お焼香の仕方、鮎の食べ方など、さまざまな作法が紹介されている。それは先に紹介した作法要項に近いものがあるだろう。戦前は国民礼法として教化されたが、今日では年配の方ならともかく、若い人の中には、自分たちとは無縁の作法のように思う人が多いだろう。そこに、マナーや作法に対する戦前と戦後との隔たりを感じることができる。

こうして現在、マナーといえばビジネスマナーや冠婚葬祭マナーを思い浮かべるようになった。第一次産業が衰退するにつれて多くの人びとが第二次産業、第三次産業に従事するようになると、かつての農業従事者や自営業者とは異なり、誰もが組織の中で働くようになった。そこは、集団の場であるので、人びとが気持ちよく仕事をするためには対人関係での決まり事が重要であり、他者への配慮が求められるようになった。さらに、第三次産業（サービス産業）の発達は、組織の内部の人との付き合いだけではなく、多くの外部の「お客様」と向き合うことが必要になった。学校、病院、福祉施設、鉄道会社、航空会社などの公的組織からファースト・フードのお店に至るまで、「お客様」を相手とする職業が増え、お客様との付き合い方が重要になった。こうしてマナーの重要性が説かれ、「ビジネスマナー」が求められるようになり、接客のためのマニュアルが作成されるようになった。そこには、「あいさつの励行」「時間厳守」「笑顔」「電話の応対」「名詞の渡し方」などの対応方法が、ことこまかに記載されている。そうした能力を現代社会では総称して「コミュニケーション能力」と呼ぶようになった。お客様への心構えということでは、古くから存在した。熊倉によると、「江戸時代に遊女の心得を記したものは多く、また現代でもホステス心得帳がある」(熊倉　一九九九、二五二頁)という。それは社会のごく一部の「特殊な」職業に就いている人によってのみ担われていたものが、現代社会では広く一般に普及し、みんなが持たなければならない「必需品」になっていったのである。これがビジネスマナーに代表される現代社会におけるマナーの一つの側面である。

2 マナーのルール化と形骸化

(一) マナーのルール化

前近代的な社会では、儒教道徳的な礼儀をわきまえることが重要であった。人々にとって求められたのは、(村落)共同体のなかで礼儀を尊重することであった。しかし、近代社会は人々の人間関係を決定的にかえ、まさにテンニースが言うところのゲマインシャフトからゲゼルシャフトへと社会が変わり、それに伴って人間関係の在り方も大きく変わった。近代以前の社会では、人々は何らかの「共同体」に、なかば義務的に所属してきた（例えば、「若者組」など）。そこでは各人の生の在り方や振る舞い方は、共同体の規範・慣習によって定められ、またそれらによって支えられてきた。これに対して近代社会は、匿名の諸個人が出会うことによって成り立っており、利益をめぐっての競争が中心となっている。こうした人間関係では、一定のルールやマナーが必要になってくる。そして現代社会では、マナーで済まされていた事柄がルール化され、そのルールの領域がますます拡大しているという側面もある。これを「マナーのルール化」と呼んでおこう。

例えば、大阪市の橋下市長が取り組んでいる、大阪市職員の「入れ墨」問題を考えてみよう。ことの発端は、児童福祉施設の職員が児童に入れ墨を見せて恫喝するという事件であったという。このことを契機として大阪市が入れ墨をしているかどうか調査したところ、ゴミ収集などを担当する環境局の職員を中心に一一三人から「入れ墨をしている」との回答があった。この結果から橋下市長は、公務員が入れ墨をしていることを問題視し、職員倫理規則に入れ墨禁止の規定を新たに設けることや、すでに入れ墨がある職員には消去を指導する方針だという。「時代とともに許容されることはあるかも知れないが、個性を発揮したいなら、市役所を辞めて、そういう職場を選べばよい」とは、橋下氏のコメントである。レディー・ガガに代表されるように、欧米ではタトゥを入れている人が少なくない。タトゥをファッション感覚で入れる人もいる。その点でいえば、入れ墨（タトゥ）は個人の裁量の問題であり、価値観の問題でもある。それを、ファッション感覚で入れたタトゥまで、市の職員だからという理由によって禁止しなければならないものかと、疑問に感じる人も多いであろう。他方で、入れ墨をした人に対して一般の人は恐怖を感じることもあるし、入れ墨はどうしても暴力団員を連想させる。そのことを無視することはできないし、市民から恐れられては、職員としての業務など遂行できないであろう。そう考えれば、他者の立場(ここでは市民)に配慮しながら、つまり、節度をもって仕事に従事することが大事になってくる。この「節度」は「マナー」と親和性のある言葉である。もともとはマナーの問題で処理できたものが、節度のない振る舞いによって「ルール化」が生じたと考えることができる。

もう一つの事例として、未成年の飲酒について考えてみよう。未成年といっても、高校を卒業して成人するまでのわずかな時間を問題としている。これまで、未成年であっても高校を卒業すれば、飲酒は許されるという暗黙のルールがあった。法律では二〇歳にならないと許容されないルールであるが、法律よりも慣習が優位だったのである。ところが今日、法律と慣習の立場は逆転し、法律が圧倒的優位に立っている。大学では、一年生は未成年であることがほとんどなので、一年生が参加するコンパに教員が参加して、アルコールを伴う飲食を共にすることは困難になっている。もし何か事故があったら、責任を問われることはまちがいない。「未成年の飲酒は法律で禁止されているにもかかわらず、教師が黙認し、かつ、飲酒に加担した。これはコンプライアンスという観点からゆゆしき問題である」ということになる。かくして、学生同士（サークルのコンパなど）では飲酒していると思われるが、そこに教員が加わることはなくなった。節度を守ればよいと言う「マナー」の領域が縮減したのである。

マナーは自発性に任されているので、どうしてもマナーを守らない人が出てくる。ルールで禁止してしまえば、すっきりするようにも思えるが、他方でルールで縛れば個人の裁量の余地が少なくなり、生きづらい社会になりかねない。また、ルール化によってすべてが解決するかといえば、それほど単純な話ではなさそうである。例えば、喫煙問題を考えてみよう。もともとは嫌煙権を主張する人の気持ちはよく理解できるので、マナーを守って吸いましょうということであった。それが、いつのまにか建物内禁煙、敷地内禁煙、路上喫煙禁止となりつつある。健康増進法の影響もあるに違いないが、マナーがルールへと転換したのである。これを象徴するのが、東京都千代田区での路上禁煙ルール（「安全で快適な千代田区の生活環境の整備に関する条例」（平成一四年六月））である。この条例では、マナーに訴えても路上喫煙や吸い殻のポイ捨てがなくならないので、条例（ルール）を定め、違反した者は二千円の罰金を支払うことになった。その時のキャッチフレーズが「マナーから、ルールへ」である。ところが、人目につかないように脇道で吸ってポイ捨てする、夜間のスモーカーは取り締まれない、「千代田区では吸わないようにします」といわれるなど、ルールだけでは解決しないことも明らかになる（ＮＨＫ道徳ドキュメント取材班・編　二〇〇八）。そこで、条例施行から一年後、再度マナーという言葉をつけ加えて「マナーから、ルールへ。そしてマナーへ」をいう標語に変えたのである。

病院や大学などの公共施設でも同様である。構内全面禁煙……まるで一九二〇年代のアメリカの禁酒法時代のようである。禁酒法は、酔っぱらいがいかにもだらしなく見えた（マナーを欠いた人間に見えた）ことが立法の一つの要因になったといわれている。マナーの領域は緩衝地帯であり、里山でもある。そのマナーの問題にまで権力が介入する社会は、手放しでは喜べないのではないか。前出のポイ捨て問題に帰ると、強制力を行使することによって表面上は綺麗になるが、見えないところではポイ捨てが目立つことにもなりかねない。何でもルールで決めてしまうことは判断の余地を縮小させ、特定の人々の権利を侵害することになる（例えば、喫煙する権利）。同時に、あいまいで微妙な関係のなかで、相手を尊重しながらも主体的に行動し判断するというマナーの世界が縮小することを意味する。そのことは、「生きる力」の衰退につながるのではないだろうか。

こうした風潮を背後で支えているのが、「法化社会」と呼ばれる現代社会の特徴である。ここで「法化」とは「社会的諸関係が法的に構成される傾向が強まっていく過程」（日本法社会学会編　二〇〇七、二一頁）と理解することができる。つまり、法律（明示的ルール）によって世界を運営していこうという考えであり、それは規制緩和や司法制度改革などに伴って出現した言説である。私たちの社会では法的なものの存在感が増し、「日本社会に特徴的であった、紛争や問題の非公式処理もしくは事前調整制度が消滅あるいは機能不全となってきており、リジッドな法的問題処理がこれまで以上に求められるようになってきた」(日本法社会学会編　二〇〇七、一頁)。こうした現象が端的に表れているのが、医療過誤訴訟の増大、企業や官公庁におけるコンプライアンスの強調、各種ハラスメント問題の顕在化、少年犯罪の厳罰化、情報公開や行政手続きに関する法の整備等々であろう。当事者同士で解決されていたものが(一般的には弱者の泣き寝入りで終わることが多かった)、司法手続きを経ることで白黒の決着をつけることに変わりつつある。

こうした社会の趨勢が、マナーの世界にも浸透しつつある。マナーの世界に代表される「あいまい」なものをルール化するとともに、作られたルールは守らなくてはならないという規範が強化されつつあるように思われる。確かに、ルールの制定によってマナー問題は棚上げされるので、人びとのマナー違反(迷惑行為)に対する不快感や怒りは少なくなるであろう。あなたの行為は法律(ルール)に違反していると言われれば、それにしたがわざるをえない。ルールは強制力を持って人びとに迫ってくるからである。他方で、酒とタバコは日本だけでなく、世界の多くの国で愛好される嗜好品の代表である。だからこそ節度が求められ、マナーが求められる。「法化」の傾向は、あいまいな領域を縮小させ、当事者間の知恵で合意に導く世界を貧しくするのではないかと、危惧される。

(二) マクドナルド化された社会のマナー問題

今日では礼儀作法はマナーという言葉に置き換えられているが、もともとマナーと礼儀作法は別のものである。なぜなら、「礼儀作法は優雅さを示すために洗練された身体技法の型から成り立っており、その型の体得・習熟には長期にわたる稽古・修養を必要としたこと、そのため、明治以前の人間形成に関わる全課題は、修養あるいは修業による型の学習に集約されていた」(矢野　二〇〇八、二四六頁)からである。ところが、国民共通の作法が定められるようになると(明治以降、礼法が定められ，正式な座り方としての「正座」が誕生した)、同じく明治以降誕生した近代の諸制度、とりわけ学校と軍隊における規律・訓練によって、礼儀(作法)が強制的・機械的に伝達されるようになった。そのため、礼儀作法はますますマナーの機能へと近づき、マナーといわれる円滑な人間関係を生み出すだけの表面的な身体技法、社会的慣習へと変化していった(矢野　二〇〇八、二四九頁)。そして現代では、マナーは礼儀作法や作法と訳されるが、「礼儀作法」や「作法」が持っていたもともとの深い意味は次第に失われていった。

このように礼儀作法と比較したときのマナーは、他者への気遣いや心配りといった意味合いが強い。このマナーは商業資本主義によって、さらに形式的なものへと変えられつつあるというのが現代社会であろう。それが、マクドナルド化されたマナー（身体)である。それは、マニュアル化された身体といってもよい。考えてみれば、今日の世界は多くの工業技術を基にさまざまな製品や生産の局面で標準化が達成されている。この標準化は形の標準化と加工作業の標準化、それに続くのが材質や強度の標準化である。そして、ＩＳＯやＪＩＳなどの規格が作られることになる。こうした標準化によって、互換性が生まれ、壊れたら部品を取り替えるだけでよくなるし、大量生産が可能になるのでコストが削減されることになる（橋本　二〇〇二）。日本の電気は東日本と西日本で周波数が異なっていることを、東日本大震災以降、改めて実感することとなったが、これは標準化が不十分であったことの結果であろう。

標準化は工業製品の間だけで生じるのではない。現代社会ではサービス業におけるマナーまでが規格化され、標準化されるようになった。サービス業は人間の活動であるので、人間の身体（作法）が標準化されるようになったと解釈でき、そうした現象をマクドナルド化と呼んでいる。マクドナルド化とは、マクドナルドのファーストフード・レストランの諸原理が、アメリカ社会のみならず世界中の国々の多くの部門でますます優勢になっていく過程である。それは、もちろんマクドナルドチェーンだけでなく、サービスや教育、医療などのさまざまな場面で、同時的に進行している。にもかかわらず「マクドナルド化」と表現するのは、マクドナルドのシステムの中により典型的に見いだすことができるからである。

では、マクドナルドの諸原理とは何か。G・リッツアは（一）効率性、（二）計算可能性、（三）予測可能性、（四）人間に頼らない技術体系、の四点をあげている（リッツア　二〇〇八、二七‐三二頁）。これをマナーとの関連で考えてみよう。まず、徹底的なマニュアル化である。例えば、注文をしようとすると、お辞儀とともに「いらっしゃいませ、何になさいますか」という店員の声かけがある。お客さんがハンバーガーを注文すると、店員から「それにフライを付けますか」「お飲み物はよろしかったでしょうか」というマニュアル通りの反応が返ってくる。究極にあるのは「スマイル　０円」である。お客様に対して笑顔で接するように、マニュアルで求められている。このように、従業員については徹底して標準化されたマニュアルがあって、それによって均一の品質（商品とサービス）を、どのチェーン店でも提供することができる。つまり、そこで働いているのは一人の人間であるが、自分で考え判断するのではなくマニュアルにしたがえばいいのである。たしかに、店員の胸にはネームプレートがついているのであるが、固有の人格は問われないシステムである。

ここで、マナーの問題に引き寄せて考えていきたい。マナーの重要な行為の一つに「あいさつ」がある。マクドナルドチェーンの店員は、マニュアルにしたがってあいさつを完璧にこなすことができる。しかも、「スマイル　０円」だから、笑顔とあいさつがセットである。この人前での笑顔という考え方は、少なくとも職場においては受け入れられてきた。また、このような店員の対応に対して不愉快になる人はいないだろう。客もこのマナーをある程度予測していて、従業員と顧客との相互作用がスムーズに流れ、お客の空腹を効率的に満たすことになる。ところで矢野は、日本の文化として存在していた礼儀作法がマナーという功利主義的なものへと変質していったと述べている。この視点からみると、マクドナルド化したマナーは、心のまったく通わない形式であり、「おもてなし」「お接待」の精神がまったく欠如しているといわざるを得ない。これをマナーと呼んでいいものか疑わしいように思う。今日ではエレベータでも「オツカレサマデシタ」と言ってくれる時代である。

確かにマクドナルドのシステムは効率的で合理的であるが、それを経営上からみると「早く食べてすぐに出て行け」を実践する仕組みである（実際に、マクドナルド店内で長居する生徒や学生の多い高校・大学が閉め出されるという事態が発生した）。そして、この合理的システムは人間の理性を否定する傾向を助長する。「ハンバーガーを求めて一列に並んでいる顧客やドライブスルーで行列を作って待っている顧客、そして食事の準備をしている従業員たちがしばしば感じているのは、自分たちが組み立て作業ラインの一部になっているという感覚」である（リッツァ　二〇〇八、三五頁）。マニュアル化されたマナーをいくら身につけても、人間の品格が備わるとはいいがたい。A・ホックシールドは対人関係における演技を「表層の演技」と「深層の演技」に分けているが、マクドナルド店員の感情のこもらない演技は「表層の演技」である。それはただ外見を取り繕う演技であって、うわべだけのものである（ホックシールド　二〇〇〇、三九-六三頁）。「マクドナルド化した社会」は、マナーの形骸化をおしすすめ、その結果として、礼儀や礼儀作法を破壊しているとも考えることができる。マニュアル化されたマナーは誰に対しても同じであり、自分で状況をみて、考えることはしない。マナーによって心を通わせあう経験、気持ちがいいと感じる経験もできない。そして、品格にもつながっていかない。

3 子どものマナーの変容――「あいさつ」と「食事」から

（一） 子どもと「あいさつ」

私たちの社会では、「トイレに行ったら手を洗う」「お風呂に入る」「体を清潔にする」「公共の空間では騒がない」といった決まりがある。これらは明文化された決まりがあるわけではないので、マナーの領域に属する。そのマナーに属する行為としてもっとも日常的なのは「あいさつ」である。日本であいさつというと「おはよう」「こんにちは」「いただきます」など、会釈やおじぎを伴うことが多い。土下座も日本的あいさつの一つの形態である。土下座について山折哲雄は「せっぱつまった場合の危機的な挨拶の振る舞い」「謝罪と懇願と絶対随順の姿勢をいささかオーバーに表現した過激な挨拶」（山折二〇〇九、一〇頁）という。再び山折の言葉を借りるなら、「わが身を米粒のようにみなし、相手を神の座に祀りあげようとするとき出現する、いささか滑稽な究極の作法である」（山折 二〇〇九、一〇頁）。西欧社会ではハグがしばしばみられる。握手をしてハグに移る場合もある。ハグやキスなどの身体的接触を日本人は経験することが少ないので、握手やハグを求められるとどぎまぎしてしまう。あいさつは、日常生活のなかの普通の行為でありながら、かなり細かい配慮が求められる。青木保は「人は『あいさつ』をわざわざしなければならないのである。そこには『自分』以外の『他者』との接触をいかにスムーズに行うかという配慮が常に働いている。この配慮は社会生活の中で大きな部分を占める。それはきわめて人間的な配慮」(青木　二〇〇六、一八頁)と述べている。

あいさつには、動物的次元、社会的次元、超越的次元の三つが存在する(青木　二〇〇六、二六頁)。人間は文化的動物ともいわれるので、動物性の次元の上に文化を身につけていると考えることができる。あいさつは他者に対する敵意がないこと、融和的な気持ちをディスプレイしているとみなせば、文化的な次元のなかに動物的次元を宿していると解釈できる。しかし、純粋に動物的な次元でのあいさつを見つけることは困難である。いかにも動物的なあいさつだと思っても、実際には文化の鎧をまとっている。人間が動物的な次元に陥らないようにと発達させた文化がマナーといってもよいので、マナーは文化である。ここで、物を食べるという行為を考えてみよう。「食う」という行為はとても動物的である。だから人間は食事におけるマナーを発達させ、動物と一線を画したと考えることができる。直接手で食べ物をつかむのではなく、フォークやナイフ、箸を使用することによって食事をする。食事の前の「いただきます」、終わった後の「ごちそうさま」というあいさつも文化の表象である。その意味では、食事は社会的次元の行為である。

社会的次元でのあいさつ行為には三つの役割が考えられる。一つは、注意を喚起すること。他人の注意を引くことである。二つは、アイデンティフィケーションを得るために行われる。個人が他人と互いに同じ社会交流の枠組を共有していることを確認して、次の行動へと移ることができるようにする。三つは、社会的接触において個人は常に他人とのある不確かな関係におかれて不安であるが、「あいさつ」によってその不確かさを解消しようとする(青木　二〇〇六、二七頁)。

青少年健全育成などの子育て運動で重視されるのが「あいさつ」である。しかし、なぜあいさつが大切であるのか、その意義についてはあまり語られないが、これを前出の三つの役割に当てはめていくと回答が見えてくる。つまり、(一)あいさつは自分の存在を他者にアピールすることになる(他者の存在を認めると言うことも同時に含んでいる)、(二)自分たちは仲間だということを確認する、(三)自分が人間関係の中で受け入れられているという安心感を持つ、といったことである。こうして、あいさつは他者を認め、自らも集団の中で認められていることを確認でき、そのことによって自分の居場所を確保できるようになる。それが健全な人間関係を築いていく出発点となり、次の活動へとつながっていくのである。

あいさつには超越的な次元もある。人間は超自然的な存在を相手にしたときにも「あいさつ」を行う。神社仏閣、海や山などの自然、国旗などのシンボル、太陽や月などに対して、頭を垂れる。これはあいさつといっても「礼拝」のカテゴリーに含まれる。青木は、「あいさつ」一般と「礼拝」は区別され、その中間にあるような行いとして、特別な場や集団においては「敬礼」が行われると述べている(青木　二〇〇六、二七―八頁)。礼拝は人間を超えた存在に対して畏敬の念を表現することであるが、社会の世俗化とともにこのような行為は廃れてきている。しかし、人間の存在は合理主義で埋め尽くすことはできないので、まったくなくなることはない。むしろ、宗教のような形を取って、先鋭な形で私たちの社会に立ち現れることもある。神に対する祈りや、四国八八カ所巡りのお遍路も、超越的な物に対するあいさつ（礼拝）である。他方で、日本の公立学校では宗教教育を禁じており、「世俗化」や「合理化」という枠のなかで公教育は行われていくので、儀礼的なあいさつに接することは少なくなった。また、家庭教育においても核家族化などの進展とともに、宗教的な儀式は衰退していった。神棚のない家、仏壇のない家も増え、神仏への供えをするという風習は廃れつつある。その結果、人間を超えた存在を対象とした「あいさつ」を行うことは少なくなった。子どもたちは人間を超えた存在に対する「あいさつ」を行わなくなったかわりに、人間関係など社会的次元での「あいさつ」が強調されるようになったのである。

（二）食事のマナー

食事はマナー行為と密接に結びついているだけでなく、マナーを学ぶ絶好の機会である。食事は、さまざまなマナーのうえに成り立っている。先にも述べたように、食事（食うこと）はたいへん動物的な行為である。動物は食うことと子孫を残すためにこの世に誕生してきたと言っても過言ではない。食うことだけではない。排泄や交尾（セックス）はとても動物的（野性的）行為である。そのために、食事の場合であればマナーという文化領域を形成してきたし、また、排泄や性交渉については、人目にさらすことがとても恥ずかしいという感情（羞恥心）を発達させることで、行為を他者の視線から遮る文化を形成してきた。私たちの社会では、排泄や性交渉の場面を他者に見せることはタブーであり、タブーを侵さないためにマナーが存在するとも考えられる。

山崎正和は、「作法がほかならぬ食事の場所で発明され、そこでいち早く人々に理解された」と述べ、その理由を、食事は他人とともにすると一人の時より楽しいし、それだけに相互の不作法が目立ちやすいこと、食事は目に見えてわかる端的な消費の行動であること、始めと終わりの見えやすい一定時間のなかで営まれる行動であること、の中に求めている（山崎　二〇〇三、一一九–一二〇頁）。確かに、食事はたくさんのマナーの形式を発展させてきた。飲食を伴う場は社交の場でもあり、そのことがマナー（作法）を発展させてきたのである。それは、日本の「お茶（茶道）」にも当てはまるであろう。

これまで述べてきたように、マナーは文化なので、時代により、国により、あるいは、階級によってその内容は異なる。日本はお箸の国であるし、西欧はナイフとフォークの文化である。いずれにしても、直接手で食べ物をつかむことは野蛮な行為として禁止されている。もちろん、手づかみで食べたからといって罰せられるわけではない。どうしても守らなくてはならない行為ではないが、それを守らないと他者に不快感を与え、他者から軽蔑のまなざしで見られる。食事は食べ始めに「いただきます」、終わると「ごちそうさま」「いただきました」をいう。家庭ではどうかわからないが、学校給食の時にはこうしたあいさつがなされることが多い（熊倉によると、こうした挨拶は子どもが学校で教えられ、家庭に持ち込まれた、という）。「ご飯を食べてすぐ横になったら牛になる」「ご飯粒を拾わないと目がつぶれる」と、不作法を注意された経験は、多くの日本人に残っていることであろう。

箸の持ち方や使い方、ナイフとフォークの使い方、ナプキンの使い方など細かいルールがあり、それらはマナー本の中に詳しく書かれている。子どものマナー図鑑(食事のマナー)をみると、箸を使うときのタブーとして「まよいばし」「ねぶりばし」「よせばし」「たたきばし」「持ちばし」など一三種類ものことがらが図示してある(峰村　二〇〇〇)。今では子どもたちも洋食を食べることは珍しくないが、ある年齢以上の世代にとってはテーブルマナーの学習機会を、しばしば学校が用意してくれた。これから社会へと巣立っていく子どもたちが、社会に出て恥ずかしい思いをしないようにとの学校側の配慮であっただろうが、それは大人になるためのイニシエーション(通過儀礼)の役割を果たしたに違いない。

実際に私たちが大学生に対して実施したアンケート調査の結果からも、マナーの教えや躾に食事は深く関わっていることがわかる(西本ほか　二〇一一)。この調査では、大学生にこれまでに受けてきた躾(マナーを含む)のなかで、もっとも口やかましくいわれたこと、もっとも記憶に残っていることを自由に書いてもらった。この自由記述の文章の中にどんな単語が頻出するかを調べたのであるが、そこからは食事・食卓の場面を連想する言葉がしばしば書き込まれていた(この分析にはKHCoder2.Xを用いた。KHCoder2.Xは計量テキスト分析を行うフリーソフトである)。「食事」「食べる」「箸」「つく」「持つ」「ご飯」「ひじ」「口」「残す」などといった単語である。例えば「食事中にひじをつかない」「箸の持ち方」「食べるときに口の中にものを入れて喋らない」「ご飯を残さない」など。また、「子どもに伝えたいマナー・

躾」を同じように自由記述の形でたずね、出てきた単語を整理してみると、「あいさつ」「人」「自分」に続いて「食事」「食べる」などの言葉が多く出現した。「口やかましく言われたマナー・躾」に比べ、「箸」や「ご飯」等の言葉があまり用いられておらず、食事関係の言葉の種類は少なくなっている。その代わりに、「食事のマナー」などのより包括的な表現が多用されており、食事・食卓の場面におけるマナーや躾を次の世代に伝えていきたいと考えている大学生が数多く見られた。このように、大学生のアンケートからも、家族での食事の機会はさまざまなマナーを身につけるための貴重な場であり、子どもをしつけるよい機会であると考えられていることがわかる。

高度成長期あたりまでは、ご飯でもおかずでも、冷めてしまってはおいしくないので、食事の用意ができたら家族一斉に食事をするのが普通であり、また、一種の義務でもあった。ところが家事の合理化が進み、家庭用ガスの普及、テレビの普及、電子レンジの普及などは、こうした家族一斉に食事をすることの必然性をなくし、個食化と孤食化を進めていった。

個食化は、家事の合理化に加えて、家族の小規模化やライフスタイルの変化と関連している。大人だけでなく、子どもも忙しくなった。とりわけ都市のサラリーマンは仕事の関係から帰宅が遅くなり、子どもと食事をすることがしだいに困難になっていった。そして、子どもも塾に通うようになり、塾に行く前後に食事を取るようになった。こうして、個食になったら相手もいなくなるので、「いただきます」「ごちそうさま」のあいさつも不要になる。家族みんなで食事をすればマナーが求められ、礼儀作法ができていなければ注意され、しつけられる。個食化と孤食化が進行したために、食事が子どもにマナーを教える空間として十分には機能しなくなった。

それと同時に、作法(型)自体が喪失してきたことにも触れておかなければならない。例えば「師範学校・中学校作法教授要項」をみると、食事の心得として、椀のふたの取り方、食事の順序、食器の持ち方、客があったときの振る舞い方、食事のあいさつなど、細かい作法が記されている。ところが今日の一般家庭では、こうしたマナーが求められることはほとんどなくなった。こうした作法の喪失は、食事の時間を通して教えられるマナーの内容自体が縮小したことを意味する。もちろん、このような細かい作法ばかりを求められていては、食事を楽しむことなどできないであろう。その意味では、食事の意味自体が変容していったともいえるだろう。熊倉は「食事は箱膳時代から厳しい躾の場であった。食事の時間が持つ意味を、ごく大雑把にとらえれば、箱膳時代は躾の場であり、ちゃぶ台ないしテーブル時代は団欒の場へと移行した、と想定される」(熊倉　一九九九、五〇頁)と述べているが、今日では団欒の場であるかどうかも疑わしい。

4　市民社会のマナーとタブー

授業中の「私語」は教師にとっても、学生にとっても、もっとも迷惑な行為の一つである。私たちが大学生に行ったマナー調査では、キャンパスのなかで腹の立つマナー違反として、もっとも多くの学生が授業中の私語をあげた。このような状況から、私語についての先駆的研究を行った新堀通也は、「マナーの教育を重視して常識ある市民を送り出す大学の存在価値は大きいといわねばならない。それに乗り出す大学が少ないだけに、希少価値も大きい」(新堀 一九九二、二五四頁)という。私語は一人ではできないので、仲間のいることが前提になる。常識的に考えれば、授業中に私語すれば他者に迷惑がかかることくらい、大学生ならわかりそうなものである。しかし、他者から話しかけられれば、ついつい応じてしまう。つまり、仲間内を優先してしまう心性から、私語が横行しているとも考えることができる。

理由はどうあれ、私語が横行する教室を直視すれば、若者のマナーはどうなっているんだという、年長者からの嘆きの声が聞こえてきそうである。他方で、時代が違えばマナーの内容も異なってくるし、世代によってマナー行為に対する感受性も異なるであろう。携帯マナーやネットマナーなどは最近において発生したものであるから、過去の世代と比較することはできない。大学にしても、大衆化する前の大学で私語が問題となることはなかった。みんなが大学に行くようになったから、マナーの問題が生じたと考えることもできる。このように考えると、そもそもマナーは悪くなっているのかという問いも必要であるし、悪くなっているとしたらその原因はどこにあるのかという問いも重要である。

土井隆義は（土井　二〇〇八）、今の子どもたちには、きわめて注意深く気を使いながら、相手の反応を察知し、周囲と衝突しないよう、相手から反感を買わないように、また、相手を傷つけないように、自分の出方を決めていかなければならない緊張感が常にただよっているという（このような関係を土井は「優しい関係」と呼んでいる）。したがって、親密な友人といえども決して気の許せる関係になっていない。子どもたちにとって重要なのは、周囲の友だちとの「優しい関係」の維持を最優先することであり、友だちとの衝突を避けるために慎重に人間関係を営むことである。だから、授業中にメールが来たり、話しかけられたりしたら、細心の注意をはらってそれに応対しなければならない。「いじめ」にしても、今のいじめはターゲットを決めて排除するようなやりかたではなく、仲間同士の人間関係を保つために、場を盛り上げようといじめに及ぶという。半面で、そうした近しいところ以外の人間関係にはほとんど関心をもたない。クラスでさえ「優しい関係」の圏外にある人には関心をもたないのであるから、公共圏においては他者に対する関心をほとんど欠落させてしまう。最近の若者が公共の場でのマナーが悪いと言われるのはこのためであろう。仲間うちでのマナーが優先されていて、公共の場でのマナーに無関心になっているというわけである。

日本人は、「世間に申し訳が立たない」「世間に笑われる」「世間並み」などの表現に代表されるように、「世間」という言葉を好んで使ってきた。世間は一種の準拠集団であり、日本人の日常規範のよりどころでもある。そして、世間の基準から自分だけが逸脱することのないように、世間と自分との間に生じるくい違いを、人びとはたえず微調整しながら生きてきた。個人の側からいえば、一番内側の世界は「ミウチ」または「ナカマウチ」であり、一番外側の世界は「アカのタニン」または「ヨソのヒト」である。この中間にあるのが「セケン」である。(井上　一九七七)。ちょうど「あいさつを心がける空間」「身だしなみが整っていないので他者と会うのが恥ずかしい」と思わせるような空間であり、その代表的な例は「地域共同体」である。すでに述べてきたように、戦前においては「ミウチ」がマナー（作法）の重要な領域であったが、戦後は「世間」がマナーの重要な領域になっていった。菅原健介はこうした「ミウチ」「セケン」「タニン」の関係のなかで「セケン」の「タニン」化が進行していると述べている。「セケン」の「タニン」化とは、地域共同体が崩壊することによってそこに住む他者のまなざしが気にならなくなり、地域社会が「タニン」の世界になってしまうという現象である(菅原　二〇〇五)。そうすると、世間は縮小することになるので羞恥心を感じなくなり(「旅の恥はかき捨て」の論理)、マナーの世界が縮小することになる。こうした結果として現れるのが「車内での化粧」や「ジベタリアン」である。したがって、「ジベタリアンや車内化粧といった行動は、個々に特別な理由があるわけではない。いずれも、公共場面に居合わせる他の人びとの存在を気にしていないという共通の背景から生まれている」という(菅原　二〇〇五、二四-二五頁)。土井も菅原もマナーの劣化を前提として、その背景を人間関係の変容に求めていることがわかる。

ところで、電車で化粧をするのはマナー違反なのだろうか。この点については意見の分かれるところであろう。一方で、まったくかまわないという人もいれば、不快に感じる人もいる。たしかに、電車の中での化粧は、ただひたすらメークをしているだけなので、特に「迷惑」な行為というわけではない。化粧品の臭いがきつくて周囲を不快にさせるわけでもない。にもかかわらず、なぜ不快に感じる人がいるのだろうか。この問題は、近代社会におけるマナーの問題を考えるにあたっての、重要な視点を提供してくれる。

奥村隆はデュルケームやゴッフマンの理論を引用しながら、近代社会においてみんなが共同に礼拝できる聖なるもの＝それはそれぞれの「個人」であり、それが備えた人格であるという。そのために、「機会あるごとに、私たちは他人に『敬意』を提示しなければならず、どうやらごく自然にそうしているのである」（奥村　一九九七、九四頁）。それと同時に、他人から敬意を受けるに値する人間であるということを他者に示さなければならない。そのためにどうすればいいのか。ここにマナーが関連してくる。言葉づかいや身のこなし、だらしなくない姿勢や服装、感情的にならず自分をコントロールできることなど、「エチケット」や「マナー」という振る舞いを考えればよい。要するに、適切な場面で適切な敬意を他人に示すことができること、つまり、「敬意」を他人に示すことで、同時に「品行」つまり「敬意に値する自分」であることを他人にも示しているのである（奥村　一九九七、九五頁）。

再び奥村によれば、私たちは公共の空間において二つのことを禁止されているという。一つは「凝視」。あまりにじっくりと、あるいは特別の関心をもって人を見るとき、それは相手の「聖なる私」を侵してしまう。もう一つは「無視」。相手をまったく無視するのは、彼の「聖なる私」に、私がなんの価値も感じていないと示すことになる。「回避」しすぎても「提示」しすぎてもいない、「過剰」でも「過小」でもないまなざし、それがゴッフマンのいう「儀礼的無関心」というやり方である。つけ加えると、「ジロジロと見られる」(凝視)にしても、「徹底的に無視される」(無視)にしても、それは相手の「人格」を侵し、その聖性・価値を奪い取るときに使われる手段である(奥村 一九九八、九七頁)。私たちは、エレベータに乗っている時のような閉ざされた空間で凝視されると不快感を通りこして恐怖すら覚えるであろう。他方、いじめにおいてしばしば手段として使われる無視(シカト)は、人格をひどく傷つけるものである。やや話が長くなった。思うに、車内は公共の空間なので他者への気遣いが求められる。ところが、化粧する人は自分の行為だけに集中していて(つまり品行のない人であり)、電車の中の他者を完全に無視している状態である。他の乗客からすれば「無視されているような感じ」を持たされてしまう。そこに不快感の源があり、マナーが欠けた行為と見なされる理由が存在するのである(長谷川ほか 二〇〇七、二四–三〇頁)。

こんな経験をしたことがある。あるレストランへ行ったときに、知り合いの社長さんが娘さんと食事をされていた。そこで挨拶をすべきかどうか迷ったが、仲むつまじく食事をされていたので、気づかないふりをして挨拶をしなかった。しかし、「あのとき挨拶をするべきではなかったのか、相手も気づいていたのではなかったのか」という感情がずっと残って、たいへんに後味の悪いものになってしまった。この感情は何だろう。相手の存在、換言すれば、相手を尊重するというマナーを失したのではないか、という感情であるとともに、自分は挨拶もできない人間だと思われたのではないかという思いである。しかし、あいさつをしていれば、せっかくの親子水入らずでの食事に水を差すことになったかも知れない。そう考えると、あいさつすることもしないことも、どちらもマナー的行為である。同じようなことは、老人に席を譲るべきかどうかで悩むときにも生じる。「老人に席を譲る」ことが正しいように思うが、しかし、かえって老人扱いすることで相手を不快にさせることもある。そうすると、老人が立っていても「知らんぷり」を装うことになる。これが、「儀礼的無関心」の一側面である。儀礼的無関心とは、たんに相手を無視することと同じではない。人はそれぞれ、相手の存在を認めていることをそれとなく相手に知らせるが、出しゃばりすぎと受け取られないようにしなければならない。森真一によれば、「現在の日本は〈マナー神経症〉の時代にある」という。〈マナー神経症〉とは、「老人に席を譲るべきかどうか」の例のように、マナーに葛藤がある状態を指している(森　二〇〇五、三四頁)。相手が不快な思いをしないために、相手に対して思いやりを持って判断した行為がマナーだとすれば、「席を譲る」行為も、「席を譲らない」行為も、どちらもマナー的行為である。そうした、マナーにおける両義的空間の広がりこそが、現代社会の一つの特徴をなしているといえよう。

おわりに

本章では、「マナー」という領域の成立を歴史的に概観したあと、現代社会におけるマナーの特徴について論じてきた。現代社会においてマナーが悪くなっているか否かについては、そもそも社会が変わっているので、簡単に結論を下すことはできない。ただ、マナーに対して過敏になっており、そのことによってマナーが悪化していると思わせるような社会になっているのではないかと考えてみることはできる。理由は三つある。

一つは、そもそも社会が複雑になり、人と人との交流が密になってきたことである。人びとに広くコミュニケーション能力が求められるようになったのも、それだけ人間関係が複雑になり、対人関係が強調されるようになってきたからである。そのような社会では、他者に配慮する空間が拡大し、マナーが強調されるようになってくる。

二つは、現代社会では一人ひとりがますます神聖なものとみなされるようになっていることである。このことを個人の側からみると、自尊心が肥大し、自分が尊重されて当たり前という感情を強くもつようになったことを意味する。その結果、他者からぞんざいに扱われたり、不快な思いをさせられると、不機嫌になる度合いが強くなってくる。これに拍車をかけているのが、市場原理の浸透である。市場化が強まるとお客様の力が相対的に強くなるので、機嫌を損ねたり不快な思いをさせないように、お客様を丁重にもてなすことが重要になる。ここでお客様とは、お店の買い物客だけでなく、患者、学生、保護者、乗客など幅広い消費者を意味しているが、そのためにマナーに過度に気を使う社会となっている。「モンスター・ペアレント」と呼ばれる保護者の出現は、こうした文脈のなかに位置づけることができよう。

三つは、人びとの「不快」を感じる範囲・領域が拡張していることである。例えばタバコ一つをとってみても、そのケムリ、ニオイが不快だと思っていた人は多かっただろうが、それなりに我慢してきた。また、体臭に代表されるニオイについても、それを自然の現象として広く受け入れてきた。ところが今日では、これらに対しての許容の範囲が著しく狭まっている。そのため、他者の体臭、口臭、汗のニオイなどに反応する感度が増し、消臭グッズとして消臭剤やオーデコロンなどが普及することになった。私たちの社会では、〈無臭であること〉〈清潔であること〉が過度に重視されるので、それに対応してマナーの範囲が拡張していく。文明化とは、〈不快〉の範囲を拡張させることであるとすれば、現在もまた文明化の過程にあるといえよう。

以上のようにマナーの範囲が拡大し、そのためにマナーが求められるようになったのである。人びとのマナーが悪くなったと嘆く前に、こうした社会の変化に思いをはせることが大事である。

《引用・参考文献》

・青木保、二〇〇六年 『儀礼の象徴性』岩波現代文庫
・井上忠司、一九七七年 『「世間体」の構造―社会心理史への試み』日本放送出版協会
・NHK道徳ドキュメント制作班・編、二〇〇八年 『道徳ドキュメント4 ポイ捨てをどうなくす?』汐文社
・エリアス、N.、一九七七年 赤井慧爾ほか訳『文明化の過程―ヨーロッパ上流階層の風俗の変遷』上 法政大学出版局＝Elias, N., 1969 *Über den Prozess der Zivilisation, Erster Band*, Bern; München: Francke Verlag.
・エリアス、N.、一九七八年 波田節夫ほか訳『文明化の過程―社会の変遷／文明化の理論のための見取図』下 法政大学出版局＝Elias, N., 1969 *Über den Prozess der Zivilisation, Zweiter Band*, Bern; München: Francke Verlag.
・小笠原忠統、一九八四年 『しっておきたい礼儀作法』文化出版局
・奥村隆編、一九九七年 『社会学になにができるか』八千代出版
・奥村隆、一九九八年 『他者といる技法―コミュニケーションの社会学』日本評論社
・熊倉功夫、一九九九年 『文化としてのマナー』岩波書店
・澤野雅樹、一九九四年 『癩者の生―文明開化の条件としての』青弓社
・新堀通也、一九九二年 『私語研究序説』玉川大学出版部
・陶智子・綿抜豊昭編、二〇〇六年 『近代日本礼儀作法書誌事典』柏書房
・竹内里欧、二〇〇二年 「「欧化」と「国粋」―礼儀作法書のレトリック」『ソシオロジ』第四六巻三号
・武光誠、二〇〇八年 『「型」と日本人―品性ある国の作法と美意識』PHP新書
・土井隆義、二〇〇八年 『友だち地獄―「空気を読む」世代のサバイバル』ちくま新書
・呑海沙織、二〇〇一年 「近代礼法書にみる図書館のマナー」『図書館情報メディア研究』第九号
・峰村良子、二〇〇〇年 『子どものマナー図鑑2 食事のマナー』偕成社

・西本佳代ほか、二〇一一年「大学生のマナーに関する実証的研究(下)」『香川大学教育学部研究報告』第I部第一三六号
・日本法社会学会編、二〇〇七年『法社会学第六七号―「法化」社会のゆくえ』有斐閣
・橋本毅、二〇〇二年『〈標準〉の哲学―スタンダード・テクノロジーの３００年』講談社
・長谷川公一ほか、二〇〇七年『社会学』有斐閣
・ブルデュー、P.、一九九一年　宮島喬訳『再生産―教育・社会・文化』藤原書店＝Bourdieu, P. & Passeron, J.C., 1970 *La reproduction: éléments pour une théorie du système d'enseignement*, Paris: Éditions de Minuit, 1970
・ホックシールド、A. R. 二〇〇〇年　石川准・室伏亜希訳『管理される心―感情が商品になるとき』世界思想社＝Hochschild, A.R., 1983 *The managed heart: commercialization of human feeling*, University of California Press.
・三浦雅士、一九九四年『身体の零度―何が近代を成立させたか』講談社選書メチエ
・村岡健次・川北稔編、一九八六年『イギリス近代史』ミネルヴァ書房
・森真一『日本はなぜ諍いの多い国になったのか―「マナー神経症」の時代』中公新書ラクレ
・矢野智司、二〇〇八年『贈与と交換の教育学―漱石、賢治と純粋贈与のレッスン』東京大学出版会
・山折哲雄「いま、マナーの亡ぶ時」『児童心理』二〇〇九年六月号
・山崎正和、二〇〇三年『社交する人間―ホモ・ソシアビリス』中央公論新社
・横山験也、二〇一〇年『行儀作法の教科書』岩波ジュニア新書
・横山験也、二〇〇九年『明治人の作法―躾けと嗜みの教科書』文藝春秋
・リッツア、G.、二〇〇八年　正岡寛司訳『マクドナルド化した社会―果てしなき合理化のゆくえ』早稲田大学出版部＝Ritzer, G., 2004 *The McDonaldization of society*, Thousand Oaks, Calif.: Pine Forge Press.

第三章

「マナー不安」の時代

――職場適応のスキルを物語る若者たち

古賀 正義（中央大学）

1 マナー検定の流行

冒頭に恐縮だが、まずは以下の問題に解答してみてもらいたい。これは、中学や高校の教育にも導入され始めている某協会によるマナー検定の模擬試験問題である。無論、Ｗｅｂ上でも解答することができる。

（問１） 敬語の使い方で正しいものを選んで下さい。

Ａ お客さまがロビーでお待ちになっています。

B　お客さまがロビーでお待ちしています。

解答は簡単であろうか。Bの謙譲語はおかしな使い方である。ならば、もう一問。

(問2)　洋室での席次の問題です。正しいものを選んで下さい。

A　一人がけのソファが上位で、長ソファが下位になる。

B　長ソファが上位で、一人がけが下位になる。

正解はBであるといい、解説には「洋室における席次は欧米文化に由来します。一緒に腰掛けて、近くでお客様と相対する長ソファが上位になります。」とある。多少腑に落ちないところもあるが、不正解であると自分が不安になってくるものである。

社会性やコミュニケーション力が不足していると指摘される最近の若者たちに、家庭の躾や地域社会の教育だけでは補いきれないマナーを習得させようということの種の実践は、いまや盛況である。この協会ではマナーをテストで評価し等級の資格も付与するので、「マナーの大切さを再認識した」とか「振る舞いや仕事に自信がついた」など、習得の手ごたえが本人にも得られやすいという。教育成果として免許や資格にこだわる今日の若者の価値観にも合致しているといえよう。履修カリキュラムをみると、初級の「言葉づかい・会話づくり」や「美しい立居振舞の基本動作」、「手紙と電話のマナー」に始まり、中級・上級の「コミュニケーションを高める敬語」や「優雅に、楽しく過ごす食事のマナー」、「厳かな葬儀でのマナー」に至るまで、社会人として必要な社会常識としての対人関係の課題が具体的に設定されている。もちろん講義だけでなく実習もあり、マナーを技能として体得することも求められている。

今日では検定を実施する団体組織のウリや活用の社会的場面などによって、さらに習得すべきマナーは専門分化し細分化している。先の生徒用のマナーは生活全般に関わる基本的なものだが、実際に需要が多いのは、ビジネス実務マナーや接客サービスマナーなど職業生活の成否に直接関わるマナーであるといわれる。グローバル化に伴う国際社会での礼儀作法であるマナー・プロトコールの学習に至るまで、多種多様なマナーが求められる時代なのである。大人世代からみれば、高校卒業時のテーブルマナー教室などを思い浮かべつつ、なぜマナーを組織的計画的に学習しなければならないのかと訝しく思うところもある。本来、日常生活体験の中から自然と臨機応変に身につくべきなのがマナーであり、勉学のように効率的に学習できる性質のものではないという思いも強い。対人場面を体験しながら他者を思いやる感覚を醸成することによって、マナーの必要性が習得されるべきであると考えるからである。

しかしながら、近年の経済産業省の社会人基礎力や文部科学省の大卒学士力の議論からもわかるとおり、微妙な空気に左右される職場の人間関係を構成し維持していくうえで、マナー習得が若者の力量形成の重要な条件とみなされている。リスクに巻き込まれやすい現代社会を生き抜くうえで、自己責任を果たすという観点から、マナーが「力」の一端に位置づけられ始めている。こうしたマナーの捉え方の変化は、上述の検定試験が端的に示すように、市場原理の中でマナー習得の有効性が人材の「ハイパー・メリット」(本田　二〇〇五)として測られ始めていることを示している。それは他方で、社会関係資源として位置づけられたマナーの欠如が現場への不適応を生み出すのではないかという適応力不安を多くの若者たちに作り出してもいる。ブルデューら(一九九一)が指摘したような「文化資本」の罠が、若者たちのマナー理解にも襲いかかっている。

このように検定時代の「マナー学習」には、身体化された振る舞いを介するがゆえに、マナーなるものが本来持っていた他者との誘発的な関係づくりの感覚を見失わせてしまう陥穽が潜んでいるように思える。現場でマナーが生み出す相互の身体性感覚と向き合えるようにするために、いま何が求められているのだろうか。考えてみよう。

2　教育困難高校卒業生へのインタビュー調査から

(一) 困難を有する若者にとっての「マナー」

以下で、学校の日常生活が円滑に営めず対人関係に課題を抱えているといわれ続けてきた教育困難高校卒業生の事例を取り上げてみることとしたい。彼らは、高校在学時から問題行動など社会規範の逸脱を指摘されやすく、言語表現の苦手さを抱えるがゆえに、高校でも他者と円滑に関われるようなマナーの体得をたびたび求められてきた。

例えば、東京都下の困難高校のある校長による、以下のような発言が代表的である。

「(日々の教育は、)あとあと(生徒の)人生をこう左右するようなそういう部分の重要な役目なんだよって。結局いまこう関わって(実践)していることが、結果的にやめちゃったりしたら、無力感になって。でもそうじゃない。本当にこう人間として、とことん(言葉でなく)関わってやることっていうのは、(言葉では、生徒は)たぶん表現できないいんであって。まあ確かに「ありがとう」の一言もいえない場合だってあるんだけど、実は、ものすごくそういう子たちの中でも活きていくんだって。」

では、彼らが実際の職場に合わせてマナーをどのように解釈し、いかに振る舞おうと努めてきたのか。就業前と後の卒業生のインタビューを素材としながら、高校から職場へのトランジションの過程を探ってみたい。筆者は東京と宮城にある2つの困難高校の卒業生について卒業後の数年間にわたって追跡調査してみた。直近の調査(二〇一一年)では、回答してくれた卒業生全体のほぼ半数が非正規雇用であったが（古賀　二〇一三a、二〇一三b）、だからといって、高校時代に成績や出席状況が不良な者が必ずしも非正規なわけでなく、また専門学校などに進学した以降にも非正規になる者の多いこともわかった。さらに、三分の一程の正規雇用に就く者でさえ、職場で社会性の乏しさやコミュニケーション能力の不足を指摘されることへの不安を口にしやすかった。こうみれば、彼らは社会の現場に出てからもマナー不足を指摘されやすい若者たちだとみることができる。

インタビューを行うと、高校時代にはさして問題としていなかったにもかかわらず、しだいに職場に適応するためのマナーを気にかけていく様子がうかがえた。特に接客やサービスなどを行う業種では、顧客や同僚と直接語り合う機会も多く、また対人関係の揺らぎが職務実績の評価を低下させてしまうこともあるだけに、ある種のケアリングを含んだきめ細やかなビジネスマナーに一層気を配ることになっていた。もちろん、彼らが実際に現場でどのような所作や振る舞いをしているのかは把握できないが、社会関係を支えるために職場でのマナーが大切であると語られていくようになるという変化は重要である。

ここでいう「マナー」とは、目に見えるひとまとまりの所作を指し、先の検定にもあった言葉づかいや立居振舞、礼儀作法など応接に関わるさまざまな対応を含む。いうまでもなく、こうした所作は、個々の内容や場面に応じて、公共の場のマナーから職場のマナーまでさまざまな位置づけや分類がなされうる。特にビジネスマナーは、受付対応や案内、電話、訪問、名刺交換などの諸要素を含むものであり、具体的な活動のパターンがあるため、卒業生からもたびたびそのスキルが語られるものであった。

もちろん、これらの全体の振る舞い方を通して人間関係の「息」や「センス」、「腕前」などが磨かれるとみることもでき、マナーを支える原理や構造にも、こうした名づけ方をすることができよう。だが、彼らが「息」といった語彙を語ることはなく、むしろ具体的なマナーの過不足と不安、改善の必要を語る場合が多かった。

(二) 役立たなかった「マナー学習」という語り

まずは、現在キャバクラ嬢となった宮城の女子卒業生におけるマナー学習の体験から紹介してみよう。彼女は、高校在学時に看護師を希望していたが、成績や出席の状況が芳しくないこともあり、教師から看護学校進学は無理であるとして進路変更を求められた過去がある。そこで、医療秘書の専門学校へ進学することになった。

秘書という仕事のイメージは、多くの高校生がそうであるように、非常に曖昧なものであった。高校在学中のインタビュー時には、「受付とか、そんな感じの仕事」と答えており、不和を抱える家族も自由に就職しろという放任的態度であったことも手伝って、資格を取って将来に苦労がなく「とにかく楽に生きていきたい」と、秘書就職の動機を語っていた。

表1－1　高校在学時のUさん　（Ｉｎｔ＝インタビュアーをさす。以下、同様。）

Ｉｎｔ	じゃあ、それ具体的に、こういう学校ってのは、医療秘書ってのはどういう仕事するの？
Ｕ	ええー、なんか、(病院の)受付とか。
Ｉｎｔ	はいはい、そういうのを「医療秘書」っていうんだ。
Ｕ	うん、そんな感じの仕事。
Ｉｎｔ	それは、(専門学校出たら、)そのまま就職ってかたちになるの？　これは？
Ｕ	専門学校に2年行ってえ、(資格とって)そのあとに。
……(中略)……	
Ｕ	ううん。何、将来やりたいこと？
Ｉｎｔ	まあ、仕事でもいいけど。やりたい仕事。まあその、(例えば)看護婦《ママ》やり続けて、(いまは)なんか違う仕事やりたいとか。
Ｕ	うん、とりあえずー、楽に生きていきたい。

専門学校に入学すると、そこで多くの時間学ぶことになったのは、患者への接遇を良くしマナーを守って振る舞うことに力点を置いた教育だった。お花の生け方やお茶の作法を初めとして、きちんと

した座り方や話し方、笑顔の対応などを訓練することになる。こうした学習が、医療秘書にとってはごく普通の常識であり、病院では大事な対人関係の課題なのだと思って、言われたとおりに学んだという。こうして接客をうまくやるには、身のこなしや言葉遣いといった「接遇のマナー」こそ重要であると、しだいに思うようになっていった。しかしながら、実際に就職した病院ではこうした学習はほとんど役立たず、皮肉にもむしろその笑顔こそが問題を生み出すことになってしまったという。

表1−2　卒業後のUさん

U　なんか秘書関係の勉強とか(しました)。
Int　うん、例えば?
U　接遇とか、マナーみたいな。そうですね、座り方とか、なんか、お花とか、お茶とか。……そうですね。なんか(こういうのを習うのが、)普通なんだ。これが(大事なんだ)、と思って。
……(中略)……
U　いやあ、あたしこういう顔(つき)なんですけど、みたいなと思って。なんかこう、これは、中学校の延長戦位な(いじめの)勢いだなって思って。なんか社会に出てそういうことあるとは思わないっていうか。なんで、なんか不思議でしたね、すごく。

Ｉｎｔ　うん。なぜそういう(職場の)いじめが起きると思います？

Ｕ　それは、多分その人自体に問題があるか、もしくは、その人の環境がいけないものだからだと思います。自分はそれでいいみたいに生きてきた人か、もしくは、その前にそういうことをされた人みたいな。だから、自分もそうするみたいな人とか。そういう女性は多いなみたいたいな。

……（中略）……

Ｕ　えっと、えっと、具体的にいうとキャバクラ的な感じの。

Ｉｎｔ　お、すごいとこ行ったんだね。

Ｕ　結構、結構というか、なんかふつうに、仕事、昼間働いてってていうよりも全然(給料が)いいっていうか。

Ｉｎｔ　そうだろうね、きっとね。

Ｕ　で、帰りも送ってもらえるし、なんかお金高いし。だからそんなとこで働いていたくないなっていうのは、すごくあったんですけど。でもなんか世間一般的には、あんまりよろしくないっていうか、人の見方って変わるじゃないですか。だからなんか親にも、いつまでも遊んでるっていうか、そんなふざけたことをしてると、申し訳ないな、とは思っていて。

……（中略）……

Int　うん、これはなかなかすごい接客だよね？　病院の接客とはだいぶレベルが違うよ、これ。

U　違いますけど、あの、（これを）やってたおかげで、なんか、こう別に笑わなくても笑顔が出たりとか。

Int　あ、それは、気持ちは笑ってなくてもってこと？　なんかこわいんだけどそれ（笑）。

U　ふふふ、なんか怒ってる。あたし今いらついてるけど、笑ってるみたいなのとか。結構あったんですね。

Int　それはすごいですね。

U　だからなんか人を不機嫌にさせない対処法っていうか。なんか待ち時間とか長いと結構怒ったりするお客さんとか多くて。でもなんかそれに対して、「そうですよね」とかっていう対処法を私は今まで知らなくて。よかったかなあ、みたいな。

……（中略）……

U　そうですね、言いたいことをいってみたいな。あの、結構なんかそれに対して、なんか友達の周りもそういう子ばっかりだったんで。あの、そういうとこで生きてきたんで。ちょっと、みたいな。で、（病院の）先生もなんかそういう扱いしかしないっていうか。

Int　初めて、言いたいことを言ってるばっかりじゃまずいなって、思い始めた？　ここで？
U　そうですね、（キャバクラの）お姉さんの接客を見てて、思ったんですよね。ああ、そうすればいいんだって。なるほどみたいな感じで。

病院の事務室に見習いとして入ることになると、女性が多い職場であり、管理職にはベテランもいて、新人をいじめる空気があったという。学習したとおり笑顔で応じると、「なんでそういう顔つきをするの？」といった厳しい批判が年長者から頻出した。中学時代のいじめ体験を思い出し、あの時と同じだと思い始めた。閉鎖された病院事務室という「社会」は、排他的で独自な権力関係が支配しており、怖くなる思いが強くなったと語る。

こうしてしだいに医療秘書という仕事自体への魅力が失われていくようになる。この頃から、足りない収入を補うために、飲食店で夜のアルバイトを始める。水商売をしているお客さんに誘われ、しだいにキャバクラにも勤めることになった。給与はいいし、家への送迎もしてくれるので、案外いい仕事だと思えてきた。「世間一般的にはよろしくない、逸脱した仕事」とみられているが、親にも話しており、「いつまで遊び続けてやるような仕事ではない」と思われている。だが実際は違うと、強く思う。

やってみると、職場で出会う女性たちは「接客」の意味を深く知っている。つまり、遊びに来る怒りやすい酔客を不機嫌にさせない対処のコツを知っている。病院の表面的な物静かな接客と違って、顧客の気分を害さないサービスに徹した態度が身についている。おかしくなくても笑顔が作れるとか、イラついていても顔だけはにこやかでいられるといった、感情を管理した振る舞いが現場で自然と取れるようになっていった。

これまでの身近な友人関係あるいは教師・生徒の関係でも、基本的に言いたいことは何でも言えばいいと思ってきた。互いの関係が何を言っても安心なように暗黙のうちに支えられていると思った。しかしながら、言いたいことを言ったのでは接客の商売にはならない。周りの女性たちの接客から学ぶことはビジネスに徹した技能やマナーが多い。こうして、内側の気持ちと外に出す態度が明確に分離できるようになったと彼女は語る。労働の場における感情の管理が可能になったというのである。

まとめていえば、彼女が思い描く社会の現場とマナー習得との転倒した関係がここでは明らかになる。①高校までは、友人であれ教師であれ、スキルが自覚されず、素の対人関係でうまくいくと思えた→②専門学校という社会では、病院という就業先の世界を想定してビジネスマナーの習得に力を入れた→③病院社会に入ってみると、学習してきたマナーの技能は逆効果にみえ、組織内部の対人関係に日々気を使うことが必要となった→④そこで、キャバクラでアルバイトを始めると、怒りやすい客の接客という課題に合った感情労働の方法、特に笑顔で演じる方法が体得できることになったという。

仕事の現場が変わるにつれ、必要とされるマナーの質は変わってしまう。皮肉なことに、常識的な医療の現場より逸脱的な接客の現場で、彼女は対人関係調整のワザやコツを体得してしまうことになったと語る。ここでは職業経験の問題事例、つまり病院でのいじめ体験によって、マナーの意味が実務上明確になり、意図せざる効果ではあったが、キャバクラでの体験から社会関係の微妙な空気を読むより深いマナーの習得につながっていった。

これに比して、ビジネスマナーを中心に構成された専門学校でのスキルトレーニングが活かされなかったと語られることは象徴的である。具体的なトラブルとなる現場課題があって初めて、状況の中でのマナーの体得、いわば個人の職場適応のスキルが自覚されるという事実が、この語りからは示されている。

(三) 職業的達成の成果からみえてくる「マナー問題」

マナーの予期的な学習は功を奏していなかった。その原因は、もちろん学習自体に意味がないというのではなく、職場という社会の現実とマナーの実践との間には相互連関があるからだといえる。先の事例では、Uさんの学習された笑顔が病院事務室でかえって浮いてしまい、感情を演出する接客の振る舞いが風俗ビジネスには効用があったという反転した結果になっていたが、このようにマナーには、型どおりの所作を体得する側面があるとはいえ、それを機械的に活かせばいいというものではなく、他者との相互の身体性が現場で噛み合わないと効果を失ってしまうという問題が横たわっている。この点からみると、正社員になった卒業生の多くがビジネスマナーの問題に悩んだ経験があり、それを克服するのに努力し成果をえていると語っていることは、大変興味深い。以下にあげるのは、体育会系出身で、高校からの学校推薦で大手の飲料メーカーに就職した東京の男子卒業生A君の事例である。もともと勉強ぎらいで態度が反抗的だったため、担任の教師も手を焼いたことがあったとい い、「深いかかわりにならざるをえなかった忘れられない生徒」と彼の印象を語っていた。

在学時には、勉強が苦手で進学する意思はなく、事務系のデスクワークにも向かないと自覚していたことから、自動販売機への缶の挿入を主たる仕事とするルートセールスという肉体労働系の「力仕事」を希望した。積極的に進路を選んだわけではなく、肉体系しかできないという自己能力の評価から進路の決定がなされたのである。ここには、接客のビジネスマナーが要求される職場というイメージは、まったくと言っていいほど見当たらない。

高校在学時にも、経済力に乏しい親に学費の負担をかけるならば働きたいと思ったと繰り返し述べている。「そうっすね」といった言葉遣いからも運動部の文化が見いだされ、そうした自己の決断を肯定する語り方になっている。

表2―1　高校在学時のA君

A	就職です。
Int	ああそうですか。もう最初から、高校卒業したら就職したい(と)?
A	ええ。
Int	じゃ、このセールス、ルートセールスってのは何でしょう。自分がもともとこういう仕事がしたいとかっていうのは(あったんでしょうか)?
A	そうですね。事務系より、外で動きたいから、はい。
Int	はい。事務系よりも、体を動かして?
A	はい。そうですね。(自動販売機に缶を入れる)力仕事系が。

ところが、高校時代の理解と違って、仕事に就き職場に入って生活するようになってから対人関係のマナーに非常に気を配るようになったと述べている。高卒者が現場に出て、――彼の敬語調的な言い回しを借りれば「社会の荒波にもまれまして」、――顧客に何度も何度も叱られたと語っている。その度に、会社の先輩が謝ってくれた。ほかでもない困難高校の卒業生が「いきなり社会人」になるの

は容易ではなかったといい、入社してから以後、マナー不足を痛感するのである。

表2―2　卒業後のA君

A　やっぱり高卒、ちょっと前まで高校生だったのがいきなり社会人になって、いやこの半年でめちゃめちゃもう、社会にもまれまして、お客さんにもすごい怒られたりしたんですけど。

Int　ほお。

A　全部先輩が謝ったり(笑)。

……(中略)……

A　いや、あのー、その(高校に来ていた)求人広告には、「学閥《(ママ)》排除し」って書いてあったんですよ。

Int　なるほど、学閥を排除し……。

A　それにめちゃめちゃ魅力を感じて、じゃあやってやろうじゃねえかっていう感じで。やっぱり学力とかそういうの、すごい気にしてたんで。自分ほんとに高校の中でも、もう底辺の方にいるくらい、勉強が大嫌いだったんで。

Int　あー　勉強ね。

A　やっぱそんなの関係ねえってみたいなこと書いてあったんで。それなのにちょうど(入社した)4月から制度が変わって、(高卒は)半年間(先輩と)同行で、大卒はもう一人でルート回りして、トラックもってて……

Int　実際、まあ、社会出てからどんな能力がすごく大事だと思いますか?

A　あの、まあその、社会人、って。

Int　うんうん。

A　高校、学校じゃ、絶対習えない、社会のこと……なんっすかね。全部ですよね。敬語にしろ、そういう対応にしろ。はい、やっぱり出ないとわからないことですよね、なんか。高校出て、もう一からもうほんと社会について、全部、勉強させてもらった感じがしてますね。

Int　うん、一番勉強しちゃったたって。今、敬語とか言ってたけど。

A　敬語ですね。敬語。まあその最初の、四月、五月、六月ぐらいで、一番お客さんに怒られたのが、やっぱ、敬語。お客さんに対して、自分、とか、おれ、って言ったら、私って、とか(言えって)。そうですね。

Int　うん。

A　あとは、社会人としての意識、自覚とかですかね。

Ｉｎｔ　例えばどんな意識？
Ａ　えっとですね（笑）。例えば、怒られたのがですね。
Ｉｎｔ　うん、うん。
Ａ　夏、暑かったんで、（販売店で）試供品とか使ったんですよ。それで、怒られて。
Ｉｎｔ　あ、そっ。それ試供品は、やっぱ当然、使っちゃいけない立場だけど。
Ａ　ダメっすね。やっぱりメーカーとして行ってるんで、はい。高校生みたいな、軽いノリで。

職場にいて最初に感じたことは「学歴排除」という魅力的な歌い文句が、現実には違っていたことであった。困難高校の出身者であるという負い目は簡単には消えなかったが、勉強が苦手で学力が低いというレッテルを覆したいと彼は思い続けた。高卒でも仕事を対等に任されたいという思いだったという。だが実際には、高卒者には同行者が付き添い、トラックでの運搬を指示するという仕組みであり、大卒者がすぐに独力で外回りを任されるのとは大きく違っていた。絶えず同行する先輩からの営業や搬入に関するＯＪＴ的な指導があるのだった。学歴の違いが、職務の自律的な範囲を狭く規定しているとも感じた。

さらに、「力仕事」だけと思っていた職務の実際もかなり違っていた。顧客や卸先との営業活動があり、そこでは、敬語の使い方のマナーが第一に問題とされた。入社して三カ月間は、お客さんに失礼だと怒られっぱなしであった。社会人としてきちんとした言い方が理解できておらず、体育会系のように、「自分は」というのがいいのか、「俺は」でいいのか、もちろん「私で」いいのか、その区別さえできなかったという。現場に行って話しているうちに、叱られて直すという繰り返しとなり、いま思い返せば「ビジネスの基本的なマナーさえわかっていなかった」と語っている。

彼のいう「常識のなさ」は、セールスに言って試供品を使ってしまうといった出来事にも現れてしまい、メーカーの搬入者であることの自覚さえないのではないかと疑われるほどだったという。まったく「高校生ノリ」であり、困難校の高校生がするようなことを店内でも繰り返していた。ここでも、販売先の売り場職員や顧客がそのマナーの欠如を指摘し、改善に手を貸してくれ、営業の現場で社会人としてのマナー学習をすることになったというのである。卒業生では非常に数少ない初職先の継続勤務が可能となったのは、むしろ当初の「マナー問題」への自覚があったからであり、ビジネスマナーを学習することが必要だと気が付くことになったからだと、彼は力説している。

まとめていえば、①高校の運動部出身という負い目から、勉学の回避という形で肉体系の就職を希望する→②入社してから、顧客先への外回りをするうちに、肉体系であろうと対人関係のマナーが大切であり、敬語の使い方などができないと本来の搬入さえもうまくいかないことを知る→③対人関係の深まりの中で、高校生のようなノリから脱却して、常識ある振る舞いをするマナーの体得が必要であることを実感するようになる。

ここで重要なことは、学校歴や学力が低くても職業的な立場が確立できている現在の状況、いわば職場で成功した者としての立場から、マナー問題が語られていることである。すなわち、職業的な地位の達成が可能になった条件として、マナー獲得のリカバリーがあったと遡及的に語られている。自分の努力もあったので、いまの正社員のポストが確立できているという成功譚の中に、「マナー」は位置づいている。

現場でたたき上げられるマナーは、実際に彼の振る舞いが今どれほど適切かは別として、——インタビューの最後には、「ダメっすね」と体育会系の語調が自然と出てしまうように——学生と違った営業用の対人関係の能力と切り離せないとされている。ここには、ブルデューの指摘するような「文化資本」として地位達成を促すものとしての、ビジネスマナーの存在が強く意識されている。

(四) 職場の人間関係を保つための「ビジネスマナー」

社員になるためのビジネスマナーの習得やマナー問題の克服は、他の卒業生からも数多く語られている。例えば、卒業後いったんは正社員となりながら、さまざまな離転職を繰り返し、やっと再び正社員となったY君の事例を紹介しよう。

卒業後のこれまで数回の聞き取りを比較してみると、初職であった石油会社のガソリンスタンドでの「正社員就職」の意味が遡及的に変容して理解されていることがわかる。離転職の過程に沿って語りの変化をあらかじめ整理してみると、次のようになる。

①高校在学時の調査では、面接試験だけで合格でき、好きな車やバイクに触れられる「とりあえずいい仕事」(とっかかりの進路先)として位置づけられる。「技術的能力を向上させるスキル」が重視されていた。

②2回目調査時では、デートしたい土日にも入る仕事のシフトや昇給しない尊敬する先輩の給与など、職場の実態と照らして「やり続けても未来のない仕事」と評価された。しかし同時に、避けようと思ってきたフリーターの兄のようになることも懸念され、不安も語る。職場では思いのほか、対人的な「スキル」や「マナー」が大切だったと思い返している。

③3回目調査時では、転職した会社での新車販売のセールステクニックの不足が「重い接客」の例として語られ、ガソリンスタンドでできた接客の職能への自信と対比される。最初の「軽い接客」の仕事が「対人スキル」や「マナー」のレベルがそれなりに高かったことを評価させる。

④4回目調査時では、意思決定でき配達中心の生協の仕事との対比から、初職のガススタは「自己判断できない管理された仕事」とみなされ、「自己判断できる対人スキル」の獲得という見方が示されていく。最初の仕事体験が、その後の仕事と対比され読みかえられ、彼なりのスキルの判断基

準が構築されていく様子が読み取れた。

⑤直近の今回は、町工場の工員に就職したため、再び接客術を離れて、「技術的な仕事」の面白みと「自分で判断できる仕事」の重要性へと揺り戻している。以下、表3のインタビューをみてほしい。

表3　卒業後のY君

Y　そうですね、その、そのうちの一人っていうのが直属の上司っていうか、結構仕事主に教えてもらってる人なんですけど。その人はまあ何度かやっぱ(工場を)やめようかとか思ったときとかあるらしいんですけど。そうですね。昔は残業代も全然出ないで徹夜とかもあったりとかっていうのがあったらしくて。

……(中略)……

Y　まああんまりやんないですけど。めったにはやんないですけど、その説明書とか。

Int　ああ、こういう比較的事務的なことでも楽しい？

Y　いや、わかんないんですよね、正直。仕事おもしろいなと思うときももちろんありますけど、やっぱり、「朝会社行きたくねえな」とかありますしね。「布団から出たくねえな」っていうのもありますし。

……(中略)……

Y　一応考えはありますね。なので、設計士さんは社内にはいないんですけど、付き合いのある設計士の方とまあ結構仲良くなったんで、「ちょっと色々教えてくださいよ」って言ってるところです。

Int　うん。設計を身につけたら、まあここからちょっと離れても食っていけるかなという？

Y　うん、まあそこまで考えてないですけど、まあ一つスキルが身についてれば、その例えば、そこをやめるとかになったりとか、まあ最悪会社がつぶれたりとかしても、なんか今後あるかなとは思いますけど。

Int　「この一つスキルが身についていれば」っていうのは、これはずっと考えてきたこと？

Y　そうですね、まあ最初入ったときはそんなに考えてなかったですけど。まあその、そんなにやめようとか思ったことはないですよ、とりあえずは。

……（中略）……

Y　やっぱり会社の人と仲良くできるとこがいいのかなとは思います。やっぱ環境は大事ですしね。深く考えたことないんで。ぱっと思いつきですけど。

Int　いやいやいや、でも、その環境が悪ければ続かない？

Y　そうですね、いくら仕事は自分に向いてても。

Int　うん、仕事の中身が自分で嫌いじゃなくても、仲良くできないとなったらもう嫌になっちゃう?

Y　そうですね、そういうもんですよ。まず会社に行きたくないとか、あの人がいるとこ行きたくないとか思っちゃいそうだなと思いました。(前の新車販売の)ディーラーはダメでしたね。

……(中略)……

Y　そうですね、あんまりこう、やっぱり先の事っていうのは考えてないんですけど。今実際自分に、全然実践できてないんでなんとも言えないですけど、やっぱりこう、徐々に勉強していって、その技術を身につけて。まあ今の会社そのまま存続できてそのまま行ければ、やっぱり勉強しながらその仕事以外にも。例えばあの、なんですか、他の会社との接し方とか、コネだとか、そういうのも広げて勉強しながら、仕事していきたいなと思ってますけどね。なんかあった場合は、その時に考えようとは思いますけど。

……(中略)……

Y　うん、なんて言うんですかね、なんかやっぱりその社会人的な常識とかマナーとか、そういうものとかって、はっきり言って全然学ばないできたなと思うんですよ。

Int　ああ、例えばどんな常識が一番?

Y　なんていうんですかね、名刺交換するときのタイミングだとか。

Ｉｎｔ　なるほど。
Ｙ　ホント小さな事から言うとそういうのから。あとビール注いだりとか。
Ｉｎｔ　ああ、一緒に飲みに行くと？
Ｙ　はい、苦手なんですよ。

このインタビューでは、たまたま生協の配達で知り合った社長の奥さんが町工場の工員を勧めてくれたことが語られる。最初石油会社を選んだ時のバイクやメカニックが好きという気分がこの工場でよみがえってきて、生協の嘱託の限界も感じていたので、「物作り」には縁があると思ってこの職を決めたという。これだけみると、整備士の資格を取得できる先輩がいる職場という高校時の初職イメージと接近した選択動機にみえる。

しかしながら、今回のインタビューで、彼は仕事のやる気が会社の職場を基盤としたやさしい人間関係に依拠していることを繰り返し強調する。現在工場で技術を教わっている先輩の工員は、過去に仕事のきつさや給与の安さから退職を申し出たこともあるものの、社長を信頼しており、辞めることをしなかったという。信頼できる人がいるから、工場での技能の習得も前向きになるし会社にも行きたくなると、彼は解釈する。また、会社の職務を通して、人間関係やコネが他社の人にも広がることが仕事の勉強の一環であるという見方が示される。ここでも過去の自動車会社勤務における嫌な上司を介した「重い接客」の失敗体験が引き合いに出されており、広く良好な人間関係の重要性が強調される。さらに加えて、細やかな気配りを伴うマナーやスキルを重視する姿勢が必要として、「軽い接客」のレベルでなく、教養あるマナーや社会常識の学習が大切であり、名刺交換のタイミングや酒のつぎ方まで努力して、対人関係の苦手意識を払拭することが目標になるとされている。

このようにみると、各調査時点で、①技能を学ぶ職場→②軽い接客をこなす職場→③重い接客でつぶされる職場→④自己判断で接客できる職場→⑤他者を信頼し関係性を築く職場と、しだいにビジネスマナーを重視した職場理解へと変化していることが見て取れる。職業に関わる職場や顧客の変化、あるいは家族や恋人らを介した職業理解の再確認などを通して、働く現場としての「社会」の認識の拡大とそこで求められる「マナー」の位置づけとの相互変化が生じている。先の継続就労事例がそうであったように、離転職と職業達成との関連で、マナーの意味理解や意義の位置づけは大きく変化するといえる。

(五) オタク系における「マナーの不在」

だがこうした成功譚と異なって、卒業後八年目に入っても、アルバイトなど非正規雇用による就業者は依然多く(自己申告で全体のほぼ半数)、友人ネットワークが変容し就業先がみつけにくくなるなど大きな問題が襲っていた。多くの者が、この状況を踏まえて安定した就業の必要性を語るようになっており、特に「二五歳を過ぎたら大変」という年齢による就業の制約を語る声は強まっていく。特にニートに関する論者も指摘してきた（玄田・曲沼　二〇〇六）ように、職場で必要とされる大人世代とのコミュニケーションのギャップに苛まれる者も少なくない。「オタク系」と称されるような、自己の狭いネット世界や趣味世界に閉じこもる東京のD君のような事例では、正規の就業は困難になっていた。

とはいえ、オタク系の彼らにとってコミュニケーション能力の欠如やマナーの改善が切迫して感じられることはあまりない。むしろ就業先の社員から提示された「職務の失敗の要因や原因」としてあげられることが多く、その点で、一方的な大人側からの指摘としてやり過ごされることも多い。

表4　卒業後のD君

D　　中小企業いろいろと面接もしてまして。
Int　そうですね、中小企業ですね。中小企業の面接に行って、それで、なんですか？　アルバイトにも雇ってもらおうと。
D　　なんとか決まるまで雇ってもらおうと。
……（中略）……
D　　全部落ちました。

Int　「わからない」。どうしてだと思いますかね？
D　そうですね。
Int　うん。
D　自分よりもほかの人のほうがいろいろ「やる気」そういうのがあった気がしますね。
Int　自分よりもほかの人にやる気があった。はあ、どうしてそう思うんですか？
D　正直「多く受けてどこか受かればいいな」っていうような考えがありましたので。
……（中略）……
Int　趣味は継続してるんですか？
D　そうですね。
Int　ああ、そうですか。コミックマーケットはやっぱり好きですか？
D　好きですね。
……（中略）……
Int　「したいこと」について、いつ結論出るんだろうね？
D　いつ結論出るんでしょうね。……もしくは趣味の延長でそこからどっか、なにかいい仕事が見つかればいいなというのはたまに、「あり」と思いますけど。

Int　うーん。
D　まあ、そう世の中甘くないですし……。

この会話で問題とされているのは、就業の繰り返しの失敗(＝離職という結果)→社会関係の取り結べなさや能動的なコミュニケーション能力としてのやる気を発信することの不足(＝離職を生む原因)、といった因果関係による理解の構図である。これ自体が不本意な離職結果からの遡及的な解釈であるが、同時に彼にとっての「甘くない世の中」や「趣味の対人関係との違い」を体現する出来事の現れとして発言されている。自分の大切にする世界――時に、癒され励まされるコミックマーケットなどの仲間とのセラピー的な世界――との違いが強調されるのであり、そのギャップは埋めがたいものであると捉えられている。

すでにみたように、情報やサービスに特化した就業の現状からいえば、実態はともあれ、柔軟なコミュニケーション能力やマナーの慣習は職業能力の中核にあり、職場などでの社会適応を保障するものでもあると考えられやすい。仮に若者が排除されやすい就業構造が変わらないとすれば、困難な課題であるとはいえ、適応する能力の育成――とりわけ、理不尽なストレスへの耐性や自発的な現場のルールの習得など――をはかることが求めざるをえないものとなってくる。もちろん、こうした個人化したコミュニケーション能力育成の議論が自己意識を不要に苛み否定的な感覚を醸成する現実があることを指摘する論者もいる(貴戸　二〇一一)。あるいは、もともとネットの発達などによってコミュニケーション能力が多様になり、選択できる手段に合わせた高度化が起こっている一つの現れにすぎないという指摘もある(土井　二〇〇四)。

そうでありながら、コミュニケーションをめぐる職業能力の議論が繰り返し起きるのは、当事者である若者自身も含めて、マナー（あるいはより実践的なソーシャルスキル）の獲得による自己啓発が重要だという認識が根強いからである。こうした言説は、オタク系のD君の事例がそうであったように、卒業生の自己肯定感の低下にも避けがたい影響を与えているとみられる。

3　マナー理解の現代的特徴

(一)「問題」としてのマナー

このように困難高校卒業生の就業後の語りを事例から見てくると、不安が語られやすい今日の社会におけるマナーの理解のされ方を特徴的に把握することができる。以下で、三点について論じ、そこから見える問題性を最終節で分析していこう。

マナーの特質の一つは、それがある状況下で守られている時には当たり前に感じて意識されることがほとんどなく、逸脱した出来事によって混乱したり失敗したりした時に強く意識されるということにある。言い換えれば、マナーはまず初めに生活の場を共有する人々の不快感から語られ、他者との関わりに生じた気分の悪いトラブルを通して問題視されるのである。ここでいう「トラブル」とは、曖昧な輪郭を持つ困り事であり、明確な問題としては決して理解できないが、嫌な気分に襲われる出来事なのである。

実はマナーには、ルールや規律のように守るべき明瞭な基準がなく、同時に罰則や遵守の義務もない。マナーを破っても、特定の他者から忌避されるとは限らないし、メンバーとして集団から疎外されるとも限らないのである。同様に、道徳や規範のように、価値の基準があり、逸脱してしまった人が良心の呵責や罪悪感に苛まれることもない。この意味で、日常性の解剖を目指したエスノメソドロジーに倣っていえば、マナー違反は自明な行動パターンを持続するはずの日常生活における一種の「ブリーチ」、言い換えれば行動への「期待の破棄」と理解できる。そのため、マナーを守っているとする立場の人からクレームが語られやすく、またマナーを修復するための道筋や混乱を回避するための方法も語られやすいのである。先のルートセールスのA君の事例はそれを端的に物語る。

このことは、実際マナー問題に関する意識調査の結果にも現れている。例えば、読売新聞が二〇〇七年八月に全国の二〇歳以上の男女（一、七八四名）に「公共マナー」の詳細な世論調査を行っている。最近の日本人はマナーが「悪くなった」と「よく感じる」（5件法の回答）人は、五三・五％と半数強にも及ぶ。「ときどき感じる」人の回答も入れると、実に9割弱（八七・九％）が「悪くなった」と評価している。本来マナーにも評価の基準が必要で、「答えられない」とする人もいてよいのだが、実際の調査結果はそうではない。

マナーが悪くなる原因のトップは、「家族の躾に問題がある」で、8割弱（七六・八％）。次いで、「大人がマナーを守らなくなっているから」で、6割（六〇・一％）。さらに第三位には「他人の気持ちを考えない人が増えているから」が半数弱（四八・二％）となっている。こうした回答の前提に、マナーを守らない若者の存在があることは明らかであり、マナーが悪い世代は、突出して「中・高生」（四八・五％）や「若い男性」（五三・八％）、「若い女性」（五九・二％）と回答されている。実態としては、中高年のマナーも悪いと思われるのだが、ここには、マナーを守っているという自意識を持つ大人世代からの若者世代に対する躾や社会化の失敗、あるいは規範意識の不足が語られているといえる。ちなみに、「たばこやガム、空き缶などのポイ捨て」に続き、過半数が回答したマナー違反行為は、「子どもが騒いでも親が注意しない」（五七・八％）である。反面、自分自身は公共マナーが「身についていると思う」人は7割強に及ぶのである。

一方でこの調査には、さほど目くじらを立てるほどでもないマナー違反はどれかという質問項目もあって、「電車やバスの中で、かかってきた携帯電話にとりあえず小声で出る」（三八・五％）が最も高い回答率となっている。杓子定規にみればルール違反とされる行為であっても、場や他者への気遣いがあれば、マナー違反とはならないこともあるとされる。こうした融通無碍な違反の感覚は、その場における不快の気分に依存することから生まれているとみられる。

このように公共マナー論議に限ってみても、実態はどうあれ、マナーが不愉快な日常生活習慣の揺らぎから意識される構造を持っていることは理解できる。言い換えれば、人、特に大人は、共有する公共空間でなんとなくいやな気分にさらされた経験からマナー遵守を訴えるのである。本書の他章でも紹介される「江戸しぐさ」の事例のように、何気ない気配りの誘発によって皆が気分よく暮らせると語られるのも、他方にこうした問題化の語りが根強くあるからだ。マナーは共同的な生活における細やかな対人関係の空気への配慮という「問題」に埋め込まれている。この構造はビジネスマナーも変わらない。先の顧客に失礼だと敬語を注意されたと語ったA君の事例や、取引先の酒席でのお酌のタイミングにも気を配るようになったと語るY君の事例には、空気を読めなかった時の失敗を意識したマナー認識が示されている。その空気が読みとれないことが、個人の能力というよりむしろ意識される場の違いであることは、趣味世界を優先するD君の事例が物語っている。

ただ異なるのは、公共マナーにはペナルティが自覚されないのに対して、ビジネスマナーには勤務業績や職場の対人関係の評価などが付きまとい、その点で最初にみたマナー検定のような管理される気分がひしひしと感じ取れるということだ。マナーの成果主義化が進むのである。

さらに先の世論調査では、マナー違反が子どもの頃からの親や大人たちからの「躾」の効果に左右されると考えられている。この見方も、もう一つの重要なマナーの特徴である。いくら隠して演じてみても、先の体育会系のA君の事例がそうであったように、「生まれ育ちが滲み出てマナーが悪い」とか、「常識的なマナーがない」といった生得的な語り方がなされやすい。例えば敬語が目上の人に自然と使えるかとか、手紙が型どおり書けるかなど、幼少期からの生育過程で体得すべき文化や伝統に応じた他者とのコミュニケーションスキルがたびたび問題視されるのである。

（二）「教養」としてのマナー

教養としてのマナーを欠いた人は無意識のうちに文化的に逸脱して振る舞い、同席する他者を不快な気分に向かわせる。マナーの大切さを説く有名な「フィンガーボールの逸話」――外国からの来客が誤ってフィンガーボールの水を飲みほしたが、注意せずに一緒に飲んで和やかな場を維持したという逸話――に象徴されるように、とりわけ上流階層の人は日本的な伝統文化だけでなく西欧の高貴な文化（近代化過程における日本の輸入文化とマナーの伝統については他章を参照のこと）にも精通し、教養ある文化を体現することが求められる。ブルデューの言葉を借りれば、家庭で蓄積される身のこなしや言葉の使用など身体化された文化の資本はマナーに端的に現れるとみられる。

すでに事例でみてきたように、サービスと情報を重視する現代の社会では、マナーの欠如は職業世界の困難にも直結する。挨拶や名刺交換などの流儀には手順がある。いきなりフレンドリーに挨拶されても、取引の入り口にはなるまい。上座・下座もわきまえないで、横柄と思われれば、商談にもならない。特に、社会の入り口に立つ新入社員のマナー欠如は、企業に教育負担を増大させるし、「育て直し」を余儀なくさせるというわけだ。A君には先輩が付き添って取引現場でのOJTによって、マナーを学習させようとしていた。

社会人基礎力が、アクション・シンキング・チームワークの3要素から構成され、組織の中でよりよいコミュニケーションが取れ、ストレスへの耐性もある人とされていることと、先のマナー欠如は無縁ではない。マナーの基本ができていないから叱るしかなく、叱ると辞めてしまうという悪循環であると、「動物化した若者」の現実が批判される。

先のコミケ趣味のD君がそうであったように、ネットマナーの問題も同様に考えられる。宛名のない情報や絵文字を多用するメールが若い社員からTPOをわきまえず上司宛に来るのは当惑する。社会関係を踏まえて書かれないものは、たとえネット世界でも許されない。新たな教養としてのメディア・リテラシーを欠いている若者は、自己中心的で扱い難いと理解される。いわばネゴシエーション（交渉）によって、人と人との関わりを組み立てる手順がネット世界でも必要だとされる。

東浩紀（二〇〇一）が『動物化するポストモダン』と称したように、文脈を飛び越えて「萌え」に走るデータベース型の知では、動物化した欲求以上の選択や配列の基準は見いだせなくなってしまうが、そうでありながらオタクによる幸せなセカイ系の物語は不動でもあり、こうした生き方が就業する現場では「逸脱」とされていく。先にみたように、マナーは本来関係性の問題を孕んで構築されていくが、そこには若者とのジェネレーションギャップによって指弾されやすいような、マナー違反する個人の知識や技能あるいは経験の不足感がつきまとう。多様で個別な「教養財」としてのマナーの欠如への批判である。

今日、教養財の性格は、関係性を取り持つ場によって多様になっている。ブルデューも指摘しているように、各シャン ―― 「界」という専門の現場 ―― において上流の文化がハビトゥスとして措定されるとするならば、学校の文化だけでなく、情報社会の文化や伝統社会の文化などもそれぞれに教養としてのマナーを構成する。それは身体化する分、客体化した学力不足などの負性より始末が悪いかもしれない。例えば、秘書教育を受けたUさんがそうであったように、茶道や華道の教養が不可欠であるといった接客・サービスのケースもあるだろう。

いずれにせよ、場の中で他者との関係性を支える知識や技能の欠如は、個人の品格を貶め、文化資本の不足した振る舞いを露呈させてしまう。それは、困難高校卒業生がそうであったように、排除されやすい個人のスティグマになる危険性さえある。マナー不足の個人化による危機なのである。

(三)「身体技法」としてのマナーの特異性

最後に、マナーが既述のように文化資本として理解されやすいとすれば、そこにはブルデューが指摘するような「ハビトゥス」と呼ばれる習慣行動が介在していることは明白である。彼は、無意識的に行われる場の振る舞いとしてこれを位置づけているが、単なる機械的な行動の反復ではなく、場に応じた趣向や感覚様式を伴う実践の総体であるとしている。この意味で、「構造化する構造」という言葉に象徴されるように、子ども期からの社会化過程を経た実際にはかなり込み入った経験と認識との相互連関を必要とし、そこに振る舞いとしての「ハビトゥス」が生成してくる。

もともと人類学者モースが使用した「身体技法」の概念に想を得たといわれるが、モースは、素質・知識・能力の一体概念として振る舞いを理解しており、身体そのものを道具としてある目的のために使う方法のことを指していた。歩き方、水泳法、休憩のポーズ、看護などのケアの仕方などについて彼は議論しており、歴史や文化とともに振る舞い方の理解が変容していくことを指摘している。むしろ、モースの「型」の理解を、ブルデューが社会構造と社会的実践の懸け橋として概念的に拡張したとみるべきであろう。つまりマナーの問題は、ハビトゥスの典型的な様式を示しているともみられる。ミッション・スクールを分析した佐藤(二〇〇六)によれば、例えば洋食をとる際のフォークやナイフの使い方は、単なる「知識」ではなく、躾によって身についた実践(プラティーク)であり、かつ習慣(ハビトゥス)の表象であるという。振る舞えることは物事の理解を公共の場に提示することである。非言語的でありながら、実践と認識の提示がつながり合うことにこそ、マナーの神髄があるといえよう。

こうした身体技法の社会認識に及ぼす特異性を武道の学習を事例に分析した社会学者倉島哲は、「技」を身につけることは行為者の意味世界を変容させることであったと結論づけている。

彼によれば、「ハビトゥス」と類似した「技」をキー概念とした研究は、ガーフィンケルの「エスノメソッド」の議論のように会話に潜む深層構造の規則性から世界を読み解くにしろ、レイブらの「熟練のアイデンティティ」から共同体の経験知の習得を読み解くにしろ、社会の暗黙知に組み込まれる過程として「技」を位置づけている。言い換えれば、技が習得されれば、直接的に生活の中での有効性が獲得されるとしている。

しかしながら、ある振る舞いができるようになるということは身体的なリアリティが変わることではあるが、それが有効になるかどうかは極めて偶発的である。仮に武道の型であれば、それが習得されることには師範のようにやれるといった模倣が促進されるだけでなく、それが有効とみなされるために、師範と実際に相対して相互の身体性の差異や連関を確認する過程がいる。つまり、たしかに「技」が取得できれば見えてくる世界は変わっていくが、「技」を開示する身体の相互関係がなければ何らの確証も得られないし、習得への修正もできないことになる。そこには、相互作用という場の展開が必要不可欠であり、身体技法は常に認識の変化の確認を必要とする。

これまで見てきた本来哲学的であったブルデューの世界観が、実は多くの若者にとっても理解しやすいマナー論につながっていたのは、その有効性の理解が共有されやすかったからではなかったか。

冒頭のマナー検定がアイロニーにみえるのは、その有効性理解が人と人との偶発的な相互関係それ自体を必要とするという前提を簡単に飛び越えてしまっているからだ。「やってみなけりゃ、わからない」という格言こそ、言葉にし切れないマナー論がその前提におかなければならない事実なのであるのに。まとめていえば、マナーなるものが本来持っていた他者との誘発的な関係づくりのセンスを見失わせてしまう今日のマナー認識のあり様こそあらためて問題にしなくてはならないのである。

4 「市場化されたモラル」のなかにあるマナー

ここまで見たように、往々にして迷惑をかけ不快感を生み出す若者（本当は、大人も含まれるが）に「マナー不足」が指摘されるのは、一見、社会からの共生の要請のようでありながら、同時に「他人に迷惑をかけるな」という排除する社会の気分を体現していることに注意したい。これを松下良平にならって「市場モラル」の陥穽と呼んでおこう。

そもそも自由に欲望を最優先に生きる主体は、自己を保存するために自然権や人格権を確保されていることが前提である。場の拘束がない「何でもアリ」の構えである。これが進めば、言うまでもなく、他者との混乱や争いがどこでもここでも頻発する。それを統制するのは、結局、理性に基づく法やルールの力であることになる。自己責任や自己評価によるコントロールが強調されるのは、人が互いに市場を巡ってせめぎ合うモデルだからであり、「ちょっと迷惑をかければ、撃つぞ」という構えであるからだ。絶えず日常の場にも説明責任が持ち込まれる気分であり、例えば統計上増大し続ける校内暴力の根拠が何かわからないのに、訴訟は多発するというようなリスク状況である。

ここでは、個々人の生の基盤は問題ではない。個々人がどう生きてきて、今何をするのかは問われない。問われるのは、好みの違いとそれが自分に迷惑をかけないか監視することである。つまり、理性による絶対的な価値や合理的な成果に向かって、個々人の行動や振る舞いが読み取られるのである。こうなると、共同性のマナーは個別性の嗜好と紙一重になっていく(趣味のサークルか、萌えのセカイか)。

実は、マナーを効率的にスキル化しようとする検定時代の動きにも、類似の指向がある。もちろん、心理主義化によって、例えば認知行動療法のように、無意識の出てしまう悪い振る舞いを修正する技法が発達している状況がある。心の持ち様を修正すれば、嗜癖化した依存症でも改善できるというように、である。悪い方向を感じたら、自分で行動を変えるイメージや言葉を自分に言い聞かせるのである。だが、こうした治療法だけがスキル化の源泉ではない。ここでの根本的問題は、個人の理性的な意思決定が問題を構成するという「個体主義的な問題観」である。この立場に立つと、リスクを回避するために個人を改善すべくトレーニングするという論理が強固になり、その効率的な方法論が一層模索されることになる。

結果、選択的に人間関係を作って、リスクが生まれるような関係に飛び込まないという考え方が強まっていく。癒される人や共感してくれる人は大切になるが、拘束する場や不透明な他者は願い下げであるとなる。自己の呈示もキャラ化のような見えやすさが重視され、細心に注意深く自己表現するようになる。信頼のコミュニケーションは難しくなり、絶えず演じる自己へのレスポンスを気にするようになる。

こうして同じ振る舞いが現れても市場の論理が進むと、まったく違った評価になる。マナー問題やマナー不安には、こうした市場優位の社会の環境が根深くまとわりついている。

すでにみたように身体性に基盤をおくマナーには、本来文化資本化した個体主義的な対人関係の見え方をずらし、新たな関係を誘発する可能性が潜んでいるはずである。これまで見てきた困難高校卒業生の若者がそうであったように、ブルデュー的なまなざしの共有化が現場でのマナーの実践を矮小化して理解させ、その誘発する脱構造的な実践の力に目隠しをしているといえまいか。単に「マナー不安」を増長させるのではなく、江戸しぐさがそうであったように、相互の身体性が浸透し合う現場で、自らがやってしまうことやできるようになることにしっかりとしたまなざしを向けることが、今日強く求められている。

《引用・参考文献》

・東浩紀、二〇〇一年『動物化するポストモダン』講談社現代新書
・貴戸理恵、二〇一一年『「コミュニケーション能力がない」と悩む前に』岩波書店
・倉島哲、二〇〇七年『身体技法と社会学的認識』世界思想社
・玄田有史・曲沼美恵、二〇〇六年『ニート―フリーターでもなく失業者でもなく』幻冬舎
・古賀正義、二〇一〇年「高卒フリーターにとっての『職業的能力』とライフコースの構築」本田由紀編『労働再審1・転換期の労働と〈能力〉』大月書店、一四七―一八二頁
・古賀正義、二〇一一年「『将来の私』を物語る―セラピー・カルチャーを求める若者たち」北澤毅編『〈教育〉を社会学する』学文社、一二七―一五四頁
・古賀正義、二〇一三年(a)「困難を有する若者たちが語る『ソーシャルスキル』―教育困難校卒業生追跡調査8年目の結果から―」『教育学論集』第五五集、中央大学出版部、八九―一二一頁
・古賀正義、二〇一三年(b)「ソーシャルスキルとは何か―困難高校卒業後の就職をめぐるエスノグラフィ」『現代思想』(特集・就活のリアル)四月号、青土社、一三二―一四二頁
・佐藤八寿子、二〇〇六年『ミッション・スクール』中公新書
・土井隆義、二〇〇四年『「個性」を煽られる子どもたち―親密圏の変容を考える』岩波書店
・ブルデュー、P.・パスロン、J.、C.、一九九一年　宮島喬訳『再生産―教育・社会・文化』藤原書店＝Bourdieu, P. & Passeron, J.C., 1970 *La reproduction: éléments pour une théorie du système d'enseignement, Paris: Éditions de Minuit.*
・本田由紀、二〇〇五年『多元化する「能力」と日本社会―ハイパー・メリトクラシー化のなかで』NTT出版
・松下良平、二〇一一年『道徳教育はホントに道徳的か』日本図書センター

第四章

スポーツの身体性とマナー

松田　恵示（東京学芸大学）

1　サポーターとマナー

（一）「浦和レッズ・サポーター」

二〇一一年一二月三日。サッカーのＪリーグ1部で今期の最終節があり、Ｊ２からＪ１に昇格したばかりの柏レイソルが、浦和レッズを3－1で下し優勝を決めた。昇格したばかりのチームが優勝したのはこれが史上初めてという快挙であった。

この試合の後に、柏レイソルの優勝表彰式が行われた。ホームゲームであった浦和レッズは、さらにこの後に、今季の締めくくりの挨拶を、選手、スタッフとともに球団社長が始めた。そのときである。挨拶のマイクの声が完全にかき消されるほどの大ブーイングが巻き起こる。そして「やめろ！」の大合唱。サポーターたちが大爆発したのである。

橋本社長が就任して三年目。順位は六↓一〇↓一五位と急降下した。集客も減少し、昨季は二億六〇〇〇万円の赤字だった。今季は大型補強し、優勝を目標に掲げながら低迷。柱谷幸一GMを解任し、さらに結果が出ないとペトロビッチ監督も解任した。迷走した末のチームの低迷と経営責任を社長に求めた。「この状況はフロントの情熱、誇り、愛が足りなかった結果。はい上がる覚悟を見せろ」という横断幕を掲げての〝籠城〟は試合終了から四時間半、午後一〇時前まで続いた。さらにスタジアム外でサポーターと、見送った橋本社長が一時間の延長戦。合計約五時間半の抗議は「辞めろと言われた。イエスとは言っていません。どうやったらいいか真剣に考えますと言いました」(橋本社長)というものだった。(http://headlines.yahoo.co.jp/hl?a=20111204-00000009-dal-socc)

翌日のウェブサイトのスポーツニュースではこのように報じられている。サポーターたちの抗議は一〇〇〇名を超える規模であった。しかし、こうした浦和レッズ・サポーターの「過激さ」は有名であるとともに、国籍差別発現を繰り返し処罰されるなど、時に純粋な「熱さ」を超え、「マナーの悪さ」としてもよく知られている。サッカー関連のホームページやブログでは、「浦和サポのマナーは日本一最低…」といった批判も飛び交う。サポーターのマナーという点からは、確かに話題を提供する存在でもある。

同じヨーロッパ生まれのスポーツの中でも、「紳士のスポーツ」であるラグビーやゴルフなどに比べて、サッカーは「労働者のスポーツ」と呼ばれている。特に暴力的で反社会的な行動を引き起こす「フーリガン」の存在などにも見られるように、「サポーター」と呼ばれるサッカーのファンに対しては、「マナー」の問題がとりざたされることも多い。もちろん、マナーの悪い人ばかりがサッカーに集まってくるということではない。むしろサッカーというスタジアム空間が、マナーを問題にせざるをえないほど日常にはない特殊な空気に充たされている、感情的で興奮してしまう、その意味では人々を強烈な力で魅了する、という面も強いのだろう。浦和レッズのサポーターは、そうしたサッカーにおけるサポーターとマナーの問題をもっともよく体現した一群であると言ってよいのかもしれない。

(二)「作法」「行儀」としてのマナー

ここで問題になる「マナー」という言葉は、サッカー観戦や応援における「作法」のあり方を問うとともに、そもそも応援や観戦には「作法」が存在するのだということを開示するシンボリックな記号でもある。

サッカー・サポーターたちは、応援しているチームの選手のスタイルをあしらったレプリカユニフォームや、チームのシンボルに彩られたタオルやマフラーなどを身につけて応援する。また、太鼓やラッパなどを鳴り響かせ、贔屓のチームの応援歌を、試合中ほとんど休まずに楽器に合わせて歌い続け、飛び跳ねる。こうした応援行動は、一つの「作法」として共有され、ときには広く社会的にチェックされる対象ともなっている。

例えば、スポーツライター・二宮清純のホームページ「スポーツコミュニケーション」には、「浦和は善戦だったか?」と題された金子達仁との対談が掲載されている。そこでは、先の浦和レッズのサポーターに対して、金子が次のように批判している。

試合の空気を読んでほしい、と強く言いたい。〇―一で負けていて、残り時間はどんどん少なくなっていく。でも、〇―〇の時と変わらずに歌っているわけですよ。同じ応援歌がタイムアップという絶望の瞬間にもスタジアムに鳴り響いている。こんなスタジアムでは日本のクラブは勝てないな、と思いましたね。…(中略)…

今、チームは何をすべきなのか。サポーターはそれがまったくわかっていないのかと思いますね。誤解を恐れずにいえば、チームを応援するのではなく、応援歌を歌うのが目的になっている印象を受ける。目的と手段がすりかわるのが、この国の常ですが、それがあまりにも顕著です

よ。(http://www.ninomiyasports.com/sc/、二〇〇八、1／10)

こうした金子の指摘に対して、ネット上ではサポーターからの反批判もなされるなど、応援歌をめぐって応酬が続いた。しかし、ここではこうした激しい応酬によって、むしろ応援の「作法」というものがサポーターに意識され、共有される一つの形式として形作られていくプロセスの存在が浮かび上がってくる。サポーターとしてサッカーを応援するという、きわめて個人的な「楽しみごと」において、ある種の集合的な拘束が生じているのである。もちろん、この拘束に対して「逃れた」場合のフォーマルな罰則などは存在していない。しかしサッカーという一つの楽しみごとを他者と共有しようとした途端に、有形無形に否定的なサンクションがすぐさま与えられてしまう。その意味では、ここで楽しまれているサッカーというスタジアム空間は、解放と抑制の、あるいは個人と集団の微妙なバランスで構成されているといってよい。

サッカーという「コートの内」で繰り広げられるゲームは、もちろん特有の「ルール」によって構成され、参戦するプレイヤーたちは、日常生活から厳密に区切られた「非日常空間」の中に試合を行っている。ところが、そのゲームを「観戦する」という形でサッカーにコミットし、スタジアムという「コートの外」も含み込みながら「コートの内」とも表裏一体の関係となった時空に構える「サポーター」たちには、日常から分ち魅惑的な非日常を与えてくれる、ゲーム内の「ルール」というものが存在していない。このときに、そもそもサポーターという、プレイヤーとはまた別な形でスタジアムに広がるスポーツという楽しみごとに身を投じている「参加者」としてのあいまいさが「作法」というものを必要とさせてしまうのであろう。「サポーターのマナー」は、こうして観戦者をスポーツへと誘うシンボリックな言葉として作用している。暴力、放蕩、敵意、歓喜といった堆《うずたか》い感情の露出が「楽しみごと」としての非日常性の破壊を塞ぎ止める仕掛けとして、「マナー」が必要不可欠なものになるということでもある。

この点からすると、サポーターのマナーは、他方でサポーターの「行儀」のあり方を問うことでもありうる。「礼儀の面からみた立居振舞。また、その作法・規則」(大辞泉)を意味する「行儀」は、試合前や試合後の応援者の「挨拶」、あるいは「勝つこと」や「負けること」に対しての態度の取り方を形づける。それは、今ある時空間が「ゲーム中」にあるのか、「ゲーム外」にあるのか、という区別でもあり、「いつまでもゲームの中の状態にあることは、逆にこれまでの有意味だったゲームの中の状態を壊してしまいかねない」といったことでもありうる。青木(一九八四)は、「挨拶とは人と人との相互作用のはじめと終わりを画する境界的な局面であり、交渉のない状態から、交渉や対話への移行を円滑に、また逆にそれまで続いた交渉、対話を円滑に終息させ、継続的な関係の設立、維持に支障がないようにするためのものである」と指摘する。「マナー」という言葉は、こうしてサポーターたちに「行儀」や「作法」を問題とさせることによって意味の区切りと転換を図り、サッカーというスタジアム空間がもつ「非日常性」を尊重させるとともに大切にそれを保持させることにつながっているのである。この意味からすると、マナーは規範や道徳に連なる面とは別に、スポーツという日常とは異なった意味のコンテクストを形成する装置でもあり、その存在がそもそもスポーツという文化が、プレイヤーにのみ担われる「コートの中」だけで成立するものではないことも示しているということになろう。

2 スポーツにおけるナショナリズムと「マナー」言説

(一) ナショナリズムとサポーター

ところが、この「マナー」の存在は、ときにゲーム以外に対して、激しい感情を引き起こすこともある。特にそれは、ゲームが、国際マッチとして「国家」というものをその背景にセットされたときに出現する。

二〇一一年九月二七日、クラブチームのアジアナンバーワンを決めるＡＣＬ(アジア・チャンピオンズリーグ)の準々決勝第二戦で、セレッソ大阪と対戦する韓国の全北のスタンドに、「日本の大地震をお祝い(し)ます」という垂れ幕が掲げられた。セレッソ大阪側の指摘により前半途中で撤去されたものの、韓国サポーターの行動に、日本のサポーターのネット上での抗議は止まなかった。こうしたサポーターのマナー問題は、「反韓」「反日」というナショナリズム感情を、容易に手繰り寄せる。

二〇〇四年、中国で開催されたアジアカップでの中国サポーターの反日騒動は、この種の問題が最大限表現された事例であった。

二〇〇四年のアジアカップにおいて、最初に反日行動が報道されたのは、日本が予選と準々決勝を戦った重慶のスタジアムの様子についてであった。しかし、アジアカップの場所が準決勝の済南、決勝の北京へと移り、サポーターの反日行動がさらに激化していくと、この事態に、メディアがさまざまな「解説」を加えるようになる。例えば、北京での決勝戦が行われた八月上旬の朝刊では、朝日、読売、産經の各社がこの問題を社説で取り上げている。その内容をかいつまんで見てみよう。

「小泉首相の靖国参拝や尖閣問題、加えて日本人による中国での集団買春など、中国側からすれば感情をさかなでされるような出来事には事欠かない。…（中略）…。むしろ考えるべきは、なぜ日本が標的として使われやすいのかだ。歴史の和解に魔法の杖はないが、歴史のとげを抜くことは今日の政治家の責任である」と書き、「反日感情の理解」をキーコンセプトに事態を説明しようとしたのは朝日新聞である。これに対して「中国で反日感情が高まったのは、一九九〇年代半ば以降のことである。とりわけ戦後五十年の節目となった九五年、江沢民政権は、「愛国団結」を訴える「抗日戦勝キャンペーン」を大展開した。…（中略）…。新聞、テレビは、旧日本軍の侵略、残虐行為を検証する報道であふれ、その後、「反日」は愛国教育の基調となる。アジアカップのスタンドを埋めたサポーターの大半は、この「愛国世代」の若者たちだ」と述べ、「（体制維持のための）反日感情の醸成」をコンセプトに、政策展開の責任を指摘するのが読売新聞であった。さらに、「このような事態になった背景は複雑だ。反日愛国主義教育の影響や、経済成長に伴う大国意識の広がりに加え、大卒者でも就職難という現実社会への不満が若年層に強く、日本がそのはけ口になっているとの指摘もある。…（中略）…。自国チームへの応援は大いに結構だ。ただ相手チームに不安や不快感を抱かせるようでは開催国として失格だ。中国人サポーターの行動と当局の無為無策は、四年後の北京五輪開催資格へ疑問の声を呼ぶ」として、中国国内の社会構造が抱える矛盾に加えて、スポーツの場に政治的感情を持ち込むという「スポーツと政治の分離」を主張したのが産経新聞である。

しかしこうした新聞言説は、こうした言説自体が、読者にある種の感情の処理とさらに新たな感情を醸成させている面がある。それは、対日感情を「解説」することに腐心する日本のメディアによって、多くの日本人の対中感情がまさにそこで醸成され、その様子を伝える中国のメディアによって、さらに多くの中国人の間に対日感情が醸成されていくという、相互依存的な感情の社会的編制のプロセスのことである。

例えば、「スポーツと政治の分離」がなされないことが指摘されることで、ある日本の政治家が述べた中国サポーターの「民度の低さ」という言葉とそれに伴う行動の拙さというものが作用点となって、逆に「迷惑を被っている日本人」という感情が醸成されている。新聞に代表されるメディアは、アジアカップに現れたこのような社会現象に自身が巻き込まれ、その現象自体を対象化し論じる視点を欠いてしまっているようにも見える。その後に時間をかけて記事を構成できるはずの月刊総合誌においても、「反日」に関する特集が多く組まれたものの、いわばそうした感情を醸成しているメディア自身への自己言及的な視点は展開されずに終わっている。そのような言説空間の形成には、繰り返しになるが、こうした問題の発端が、そもそも日常的な空間とは切り離されて楽しまれるべき出来事として捉えられている「スポーツ」において生じたことが大きく影響しており、さらにそれがサッカーのサポーターの「マナー」の問題であるからこそ、前提をおかずナショナリズム的感情の編成にそのまま直結しているように見えるのである。

(二) 感情とマナー

ところで、ここで問題となる「感情」は、個人の身体的状況でありながら、社会的に構築される関数のような性質を持っている。山田昌弘はこうした性質に配慮しながら、三つの要素からこの「感情」という言葉を定義している。それは、「(1)対象や状況に対する期待される状態からの「ずれ」を認知している、(2)「〜したい」といったある種の行動(対象や状況への働きかけ)の欲求が生じている、(3)その欲求は、意志(もしくは思考)ではコントロールできない」(山田 一九九七)というものである。

例えば、心理学では、危険なものを認知すれば恐怖が、漫然とした環境変化には不安が生じると捉える。また、社会学でも、交換理論で名高いホマンズの議論のように、主体を取り巻く状況の変化として、自分に不利な交換だと認知すれば「怒り」が、有利だと認知すれば「愛情」が生じるとみる。このような心理学や社会学の考え方を一般化すると、現実の状態と期待する状態との「ずれ」を認知することを、感情経験の前提条件としてよいのではないか、ということになる。これが第一の要素である。

次に、第二の要素についてである。ここで、感情語には「〜したい」という欲求が含まれていることを、山田はまず強調している。例えば、「恐怖」にはその場から逃げ出したいという欲求が、「悲しみ」には誰かになぐさめてほしいという欲求が、また「怒り」には相手をやっつけたいという欲求が、といった具合にである。そこで、現実状態と期待状態との「ずれ」を認知することが感情の前提条件となるという第一の要素から考えてみると、このときの欲求は、「現実に働きかけて」期待と現実を埋める方向で働くものとして把握できる。しかし、このときの現実への働きかけ方は人によって異なるのが普通である。例えば、これまで見たことのないような昆虫が現れたとき、ある人は「逃げたい」という形で、ある人は「攻撃する」という形で、ある人は「知りたい」という形で現実に働きかけ、「未知」という認知のギャップを埋めようとする。そのときそれらが、おのおの「恐怖」「怒り」「好奇心」という感情として経験されるというわけである。

このように同じ状況に遭遇しても人によって生じる欲求が異なることは、実は、感情が非合理的に見えることの理由ともなっている。しかし、このように人によって異なった現実への働きかけ方のどれもが、常に「現実と期待のギャップ」を埋めるわけではない。事態はもっと悪化するかもしれない。

そこで、こうした感情による行動よりも、より知的に状況や環境を認識し、個別な対応によらない客観的で分析的な「合理的行動」のほうが近代社会においては価値が認められることになる。しかしながら、「感情的行動」は、食欲といった生理的欲求に基づく行動とは異なり、質的には異なった意味を持たされている。なぜなら、生理的欲求に基づく行動は「どの人にとっても」という普遍的な性質を帯びるが、感情によって導かれる行動は、個別性をその性質とするからである。だからこそ、近代人は「感情」を感じているときに自分らしいと感じ、また近代社会システムは、感情をコントロールすることで個人を統制し社会を秩序立てることができることになる。

最後に、「感情は意志によってコントロールできない」あるいは、「そのようなものとして思われている」という要素についてである。感情を自由に操ることは難しい。というよりも、むしろ感情とは、コントロール不可能なものを呼ぶものであることを、まず山田は強調する。しかし、私たちはときと場合に応じて、無理に感情を発生させたり、発生した感情を抑圧したりもする。一般に感情管理と呼ばれるこのような振る舞いは、私たちにとって「不自然」なことだと考えられてはいる。こうした振る舞いが、「合理的行動」vs「感情的行動」という、先の対立軸を超えてしまうからである。けれども、A・R・ホックシールドが指摘するように、例えばお客に「心から」優しくなるためのテクニックを学ばせそれを商品化するフライト・アテンダントや、客に非情になることを要求される「借金取り」のように、近代社会において感情管理はときに労働としても実行されている。つまり、近代社会においては、感情が一方では「コントロールしなければならないもの」であるとともに、他方では「コントロールしてはならないもの」という矛盾の中にあるといっていい。山田はこのように述べて、感情がこれら三つの要素を持つ状態だと社会において理解されているところに、近代社会の成り立ちを解く鍵を見つけようとする(山田　一九九七)。

ここでの山田の指摘から考えてみると、スポーツという文化が持つ、近代社会との分ちがたい接点が見えてくる。例えば、日本チームの指導者というだけではなく、いわばサッカー文化の正統な代弁者でもあるジーコ監督が、「国歌演奏のときにブーイングするのは納得がいかない」と、サポーターたちの行動を非難したことは、先に取り上げた事例において日本のメディアにおいても大きく報道された。これは、ルールによって区切られたスポーツという非日常空間では、一方で「情熱」や「闘争心」に基づく非合理的、感情的行動こそが「人間の本性を解放するもの」として尊ばれるの対し、他方で、それはルールに基づいた限定的な遊びであり、非合理的な感情や雰囲気によって支配されてしまうことを逆に禁じる、というスポーツの持つ近代性からの逸脱を非難するものであるとも解釈できる。つまりこのような意味で、スポーツにおいて感情を「コントロール」し、逆に「コントロールしない」ことができることが近代人なのであり、こうした相反するものの調整弁として「マナー」という言葉が重要な響きを持つとともに、それは、近代という時代の価値を値踏みするメルクマールともなる。

スポーツをめぐるマナーとナショナリズムに対して私たちが経験する感情は、サポーターたちの、非近代的な振る舞いに対する「嫌悪」であろう。こうした感情が露出するのは、サッカーという近代スポーツが、いわば暴力性や野蛮な感情を抑制するマナーの「身につき具合」をたしかめる試金石として機能するからでもある。こうして、サッカー・サポーターのマナーの問題は、「それを守れる人」といううナショナリズムと接合した集団形成に大きな力を持つとともに、「それを守れない人」という、集団間や「国家」間の差異化をも同時に受け持つものとして作用していることになる。あるいは、マナーとは身体という場に現れる、感情と理性の両義性そのものであるといえるかもしれない。「あいまい」であるからこそ、その存在意義が際立つのであろう。

3 フェアプレイと「うそ現象」

(一) フェアプレイ

もちろん、スポーツにおけるマナーの問題は、何もサポーターに限られるものではない。ルールを受け入れることによって、ゲームの中心に位置するプレイヤー（彼らは「スタジアム」という非日常空間の「コアな住人」として存在している）にとっても、罰則が課せられているわけではない「作法」「行儀」「礼儀」といったマナーに留意することはスポーツを行うためには重要なことである。こうしたものの中でよく知られたマナーの一つに、「フェアプレイ」という態度があろう。

H・レンクによれば、フェアプレイとは、次の五つの要素を含み込むものであるという。その五つとは、⑴本質的(構成的)ゲームルールの遵守、⑵規則的ルールの遵守、⑶審判の判定に対する厳格な尊重、⑷競争相手に機会均等と競技開始時の同権を保障する理念、⑸パートナーとしての相手の尊重、である(レンク、二〇〇〇)。また、フェアプレイの教育的価値について称揚するD・シーデントップは、フェアプレイを、⑴ルールに従う、⑵審判の判定を受け入れる、⑶他の人のよいプレイをほめる、⑷チームメイトを励ます、⑸自分のポジションでプレイする、⑹技能の低い仲間を助ける、⑺勝ち負けにこだわらない、⑻技術の応用に努める、の八点から特徴づけている(シーデントップ、二〇〇三)。いずれにしても、スポーツをプレイする際の共通事項として、「スポーツマンシップ」とほぼ同義で使われることも多い。どちらの言葉も「勝負の公正さ」に関わるプレイヤーの態度の問題である。例えば、いくら理不尽に感じられようとも審判の判断には常に従うことがサッカープレイヤーとしては尊ばれる。また、ゲーム進行中に、例えば相手チームのプレイヤーが接触により傷ついた場合、自らボールをタッチに蹴りだし、プレイをストップさせるなどの行為が、ルールにはもちろんないものの「当たり前のこと」としてサッカーでは実践される。こうしたことが、一つの「作法」や「礼儀」として流通しているわけである。

しかし、このフェアプレイという形式は、サポーターのマナーがサッカーというスタジアム空間に自らを停めおくための重要な機能を持っていたように、プレイヤーにとっても、守るべき「倫理」や

「理想」ということだけではなく、自らをサッカーゲームという非日常空間に停めおくためにも、むしろ積極的にコミットしなければならないものでもある。遊びの観点から「フェアプレイ」について言及している西村は、「フェアであることは競技者の持ち前である以前に、あくまでも、そのつどそのつどの競技をゲームとして成り立たせている機能的・構成的な概念として理解されるべきである」と指摘する(西村　一九八九)。つまり、ゲーム内における特有のルールに従うというフェアプレイは、不法行為を差し控えるということではなく、日常生活とは異なる「おもしろい遊び(ゲーム)を成り立たせ現出させるための手順」(同前)であるというのである。

　例えば、ヨーロッパ生まれのスポーツには、「アドバンテージを見る」という特有の審判の判断基準がある。これは、ルール上の違法行為が相手チームに認められた場合でも、その瞬間にルール違反をとるよりも、そのままゲームを流した方がゲームの展開上有利であると思われるときには、違反をすぐさまとらずに少し猶予して状況を判断するということである。こういう「アドバンテージ」というある種のルール上の余白は、しかしながら特別になにがしかの安全装置を用意しておかなければ、そもそもルール違反を見逃しているわけであるから、ゲーム全体の秩序が崩れかねない危険な制度でもある。しかし、こうした仕組みが成立している背景には、「ルールというものは結局のところ面白いゲームを作り出すための取り決めであり、そもそも参加者全員がそのことを自覚していれば、ルールの厳密な運用ということにのみ腐心しなくともゲーム空間は守られる」という、ある種のメンバーに対する信頼感がある。フェアプレイの精神は、こうした信頼感の共有には不可欠である。このように考えると、結局ルールにはないことを守ろうとするフェアプレイの態度は、「面白いゲームを成り立たせるため」に、参加者が自発的に取り組む一つの知恵であり、この意味で、機能的、構成的な概念として捉えるべきであるというのが、先の西村の主張の核心である。

けれども、こうしたフェアプレイというマナーを尊重できることは、大変パラドキシカルな態度でもある。なぜなら、スポーツはおしなべて、「なんとか勝とう」として戦っているものであり、とりわけ「ルール」で禁止されていないことがあれば、一方では、むしろ勝利のために工夫するのが当然の行為だからである。こうした態度は、プレイヤーの中でいったいどのように成立するのであろうか。これは同時に、カイヨワが「よい遊戯者は、遊びに熱中しそれに全力を尽くしながらも、それが遊びであること、あるいは遊びにすぎないことを忘れない」と強調したように（カイヨワ、一九七〇）、遊びにおける「よいプレイヤー」のあり方の問題でもありうる。換言すれば、フェアプレイは、スポーツがパラドキシカルな態度を本質として含み込む「遊び」であるからこそ必要とされる、一つのマナーなのである。

（二）スポーツと遊び

そもそも、スポーツとは「身体を使った遊び」であり、代表的なスポーツ概念の定義として、例えばI.C.S.P.E（国際スポーツ体育協議会、一九六四）によるものがあるが、そこではスポーツを「プレイ（遊戯）

の性格を有し、自己との、あるいは他者との、または自然とのたたかいを含むところの、いかなる身体活動もスポーツである」としている。このようにスポーツという文化の基盤をなすものとして、「遊び」＝遊戯性を考えることは一般的である。現代社会においては、商業化や情報化などさまざまな環境の中で変容し続けているスポーツ文化であるが、「遊び（プレイ）の性格を有する」という性質は、その文化の中核をなし続けるものであろう。

このようにスポーツを遊び（プレイ）の観点から捉えるとき、よく知られたJ・ホイジンガ、R・カイヨワによる研究がスポーツの理解に与える示唆は大きい。遊びを人間や文化の問題と連動させて論じたホイジンガは、遊びの本質がその特有の「おもしろさ」にあることを強調し、人間は「役に立つ」ということのみで現実に縛られるのではなく、「おもしろさ」という遊びの原動力により、創意・工夫を重ね、新しい文化を生み出す存在であることを丹念な歴史研究を通して明らかにした。また、ホイジンガは遊びについて、「遊びとは、あるはっきり定められた時間・空間の範囲内で行われる自発的な行為もしくは活動である。それは自発的に受け入れられた規則に従っている。その規則はいったん受け入れられた以上は絶対的拘束力を持っている。遊びの目的は行為そのもののなかにある。それは緊張と歓びの感情を伴い、またこれは『日常生活』とは『別のもの』であるという意識に裏付けられている」とする。ここでホイジンガは、私たちの生活が「日常生活」とそれ以外の「遊び」の二つから成り立っているという構図を示すとともに、一般的に「遊び」という言葉が持つ「不真面目」とか「本気でない」というイメージを遊びの概念の中から取り払うことに注意を払っている。

さらにこうしたホイジンガの考えを受け継ぎ、遊びについての考察を深めたのがカイヨワであるが、カイヨワはホイジンガの考えを継承しつつも、その遊び論には、「遊戯的なもの」と「聖なるもの」の混同がみられると批判し、日常よりさらに厳粛な「聖」の領域と、日常より気楽な「遊」の領域を区別し、「聖―俗―遊」という三つの側面から私たちの生活を区分する観点を主張した。さらにカイヨワは、よく知られているように、遊びをアゴン・アレア・ミミクリー・イリンクスの四つにその原理を分類し、遊びと社会の関係を分析しようとしている。いずれにせよ「日常生活」と「遊び」を区別し、「遊び」そのものの自己目的性を指摘した点で、両者は共通している。

しかし、こうしたホイジンガやカイヨワの遊び論を批判的に捉える西村は、「非日常」、「没利害」「非生産性」などというように、それらの遊び論が「日常生活とは異なる」という否定性に根拠を持っているものであることを指摘し、「『遊びはなにではないか』については知りえても、『遊びとは、それ自体として、なにであるか』について、すなわち、遊び独自の存在性と本質については、依然として、ほとんどまったく、知らないのである」と断じている(西村、一九八九)。つまり、行為のレベルで遊びを捉えようとしたときに、「何が遊びではないか」を理解しても、それでは遊び行為がどのようなものであるのかについては何も触れていないというのである。そこで西村は、遊ぶ人の側から見て、どんな条件があればそれを「遊び」と感じるのか、という大変面白い問題について、次のような三つのポイントを指摘した。それは、(1)「遊隙（あいだ）」があること、(2)「遊動（うごき）」があること、(3)「遊戯関係」があること、の三つである。

まず、「遊隙」があるとはどういうことか。日本語に、例えば「ブレーキの遊び」や「歯車の遊び」という言葉の使い方がある。もちろんこれは、ブレーキペダルを踏み始めたところと実際にブレーキがかかりだすところの間、あるいは、歯車と歯車の噛み合わせのちょっとした隙間のことを指している。つまり、ここでいう「遊び」は、「間」＝「遊隙」を現す言葉である。

次に、「遊動」である。これは「遊隙」を、「行きつ戻りつする」という反復的な「動き」を表す言葉である。例えば「遊び人」とは、定職にも就かず「ふらふら」としていること、つまり「あちらこちら」へと「動き」続ける人の様をいう。ここでいう「動き」とは、「あちらこちら」「勝ち／負け」「できる／できない」といった心理的な「遊隙」と、それを行きつ戻りつする「動き」も含むものでもあろう。

それでは「間」があって「動き」のあるものは、すべて「遊び」と呼べるかというと、もちろんそうではない。「これは遊びなんだ」と安心できるからこそ、「間」と「動き」に自らの身を投げ出し同調して楽しむことが出来る。あるいはそのような独特の自分のあり様を確認できることである。これが「遊戯関係」の存在、ということの意味である。

こうして、「遊隙」「遊動」「遊戯関係」の三つが条件としてそろったとき、初めて私たちは、そこで行っていることを「遊び」と感じる。つまり、サッカーという「身体を使った競争の遊び」は、あるルールに則って行いさえすれば「遊び」になるわけでは決してない。「サッカー」という行為の中に、先の「遊隙」「遊動」「遊戯関係」の三つの存在を、プレイしている当の本人が感じたときにこそ、それは初めて「遊び」となるのである。

そうなると、こうした三つの条件は「他者関係」なくしては生まれない。「遊隙」と「遊動」は、「思い通りにならないもの」「わからないもの」との「かかわり合い」や「ぶつかり合い」がなければ生まれないからである。このときに、例えばフェアプレイといった形で、そこには「マナー」が存在しなければ、それが「遊戯関係である」というメタメッセージも存在しない。フェアプレイが、機能的、構成的な概念として捉えられねばならない理由である。この意味でのフェアプレイの反対語は、「アンフェア」ではなく「ファウルプレイ」である。これは、野球用語にある「ファウル」「フェア」という使用法の中にもっともよく現れている。しかしこのように他者と関わり、そして遊びに打ち込む中で、人は「信頼」というものの素形に触れ、そして社会関係のモデルを積むのでもあろう。だからこそ、フェアプレイは、スポーツに留まらない、人間関係全般のモデルや理念とされたり教育の目的になったりするのである。

このようにスポーツプレイヤーのとるフェアプレイの態度は、スポーツにおいて勝敗へ「没入」することと、「これは遊びである」というメタメッセージを成立させる「距離化を図ること」の両義性を保つことに、分ち難く密接に結びついている。フェアプレイが一つのマナーとしてスポーツに求められる理由である。もちろん、ここに現れる「マナー」という問題は、サッカー・サポーターのときがそうであったのと同様に、フェアプレイを守れる人とそうでない人といった区別のうちに、人間関係を円滑化することによって人と人とのつながりをつくる面と、自己の文化的洗練度を社会的に誇示しようとする差異化する面の両方に機能するものでもあろう。こうしてゲームの内にも外にも「マナー」にあふれるのがスポーツという時空間の特徴である。

(三) マナーの象徴性と社会の成熟

ところで社会学者のエリアスが、マナーの浸透を文明化の過程における情動抑制の変遷として捉えたことはよく知られている。マナーは人間が動物的な次元に近づかないように発達させた身体技法であるからこそ、文明化とはマナーが人々のあいだに浸透してゆく過程であるともまた言い換えることができる(エリアス　二〇〇四)。

確かに、ここまでに見てきたスポーツのマナーのあり方からも明らかなように、マナーは、動物的に、その意味では「自然のままに」あるいは「感情的に」流されることとそれにわざと逆らって、「あえて」それにこだわるところに生じる、「遊び」といった人間的な生の豊穣であったり、一方では人をつなぎ、他方では人を分ける、社会関係の源泉であったりする。またそれが、動物的といえばまさに動物との連続性の権化でもある「身体」を、技法として人工化、あるいは文明化するところに、「身体技法」

「礼儀」「行儀」と呼ばれ、時間をかけて訓練、学習し「あえて」身体を変容させたものとして表現されるのも、やはり意味のあることなのであろう。ただ、このようにマナーについて考えてみると、マナーというものが、一種の「うそ現象」であるともいえる面が顕著になってくる。

社会に広く偏在する「うそ現象」を、「そうでないものをあたかもそうであるかのように…（あるいは、その逆）」成り立つ、いわば否定と肯定の二重現象として捉えたのが井上俊であった（井上　一九九二）。うそをつくということは、一方で真実を肯定しながら、他方ではそれを否定していることにほかならない。このように考えると、バーグが言うように「人間は否定形の発明者である」とともに、「否定形はシンボル体系のみがもちうる機能である」（バーグ　一九七四）から、言語を含めシンボルによって構成されている人間の文化はそもそも否定をその契機として成り立つ広義の「うそ現象」であり、人間が「生物学的・本能的規定から相対的に自由である」ことが可能となっているのは、こうした人間によって「否定」を契機として作られた文化に依って生きているからである、と井上は論じている。

このように考えると、マナーとは人間の「集団的な企て」によって作られた文化にほかならないし、それはある種のフィクションでしかないことは否めない。ただ、そのフィクションの持つシンボル性を介在させるからこそ、私たちは、マナーを尊重することによって、相対的に自由であることができるし、スポーツに対して、プレイしたり、サポートしたりして「遊ぶことができる」ということになる。また同時にそれは、「身体」という人間存在の基盤に対して、それを他者としても自己としても、あるいは感性としても理性としても意味づけられるという、自由と可能性が拓かれているということでもある。マナーはこの意味で、徹頭徹尾根拠や定点のない内容不明のあいまいなものでしかない。しかしだからこそそれは身体をめぐってシンボル化されている。その最前線にいわばスポーツという文化が位置し機能しているのであろう。ここには、そもそも「ほんとだけどほんとじゃない」という非日常的な「遊び」の持つ精神が社会に持ち込まれている。そしてこの意味では、「遊び」の衰退する社会とマナーの衰退する社会は「にわとり」と「たまご」の関係であるし、マナーの衰退する社会は他者の衰退する社会でもあり、そして再び「遊び」の衰退する社会でもある。

そういうわけで、スポーツにおけるマナーが廃れる社会も考えものであるが、かといって、スポーツにおけるマナーを、ルール化までしてみんなで守ろうと声高に叫ぶ社会も、同様に考えものである。マナーという言葉を実に「都合よく」使って、むしろスポーツに遊ぶ社会を遠い目を持って大切にしたいものである。

注　本章の一部は「『反日』の中のメディアとスポーツ」、『現代スポーツ評論』13号、創文企画、「運動遊びの社会心理学」、『体育の科学』58－5、日本体育学会編を大幅に加筆修正したものである。

《引用・参考文献》

・青木保、一九八四年　『儀礼の象徴性』岩波書店
・井上俊、一九九二年　『悪夢の選択』筑摩書房

・井上俊編、一九九八年『現代文化を学ぶ人のために』世界思想社

・エリアス、N.、一九七七年赤井慧爾ほか訳『文明化の過程—ヨーロッパ上流階層の風俗の変遷』上 法政大学出版局＝Elias, N., 1969 *Über den Prozess der Zivilisation, Erster Band*, Bern; München: Francke Verlag.

・エリアス、N.、一九七八年 波田節夫ほか訳『文明化の過程—社会の変遷／文明化の理論のための見取図』下 法政大学出版局＝Elias, N., 1969 *Über den Prozess der Zivilisation, Zweiter Band*, Bern; München: Francke Verlag.

・大村英昭・宮原浩二郎・名部圭一編、二〇〇五年 『社会文化理論ハンドブック』ナカニシヤ出版

・カイヨワ、R.、一九七〇年 清水幾太郎・霧生和夫訳『遊びと人間』岩波書店＝Caillois, R., 1958 *Les jeux et les hommes, Paris:Éditions Gallimard.*

・シーデントップ、D.、二〇〇三年 高橋健夫監訳『新しい体育授業の創造—スポーツ教育の実践モデル』大修館書店＝Siedentop, D., c1994 *Sport education: quality PE through positive sport experiences*, Champaign, IL: Human Kinetics.

・西村清和、一九八九年 『遊びの現象学』勁草書房

・バーク、K. 一九七四年 森常治訳『文学形式の哲学—象徴的行動の研究』国文社＝Burke, K., 1941 *The philosophy of literary form: studies in symbolic action, [Baton Rongel: Louisiana* State University Pres.

・ホイジンガ、J.、一九七三年 高橋英夫訳『ホモ・ルーデンス』中央公論社＝Huizinga, J., 1958(1938) *Homo Ludens: proeve eener bepaling van het spel-element der cultuur*, Tjeenk wilink & Zooon.

・ホックシールド、A.R.、二〇〇〇年 石川准・室伏亜希訳『管理される心—感情が商品になるとき』世界思想社＝Hochschild, A.R., 1983 *The managed heart: commercialization of human feeling*, University of California Press.

・松田恵示、二〇〇一年 『交叉する身体と遊び』世界思想社

・山田昌弘・岡原正幸・安川一・石川准、一九九七年 『感情の社会学』世界思想社

・レンク、H. & ピルツ、G.、二〇〇〇年 片岡暁夫監訳『フェアネスの裏と表』不味堂出版 ＝Lenk, H. & Pilz, G., c1989 *Das Prinzip Fairneß*, Zurich: Edition Interfrom.

第五章 マナーのなかの子ども
――「子どものマナー」を考えるために

村上 光朗（鹿児島国際大学）

■ はじめに

『「捨てる！」技術』（二〇〇〇年）で著名な辰巳渚は、『マナー・エチケットの基本六〇』（二〇〇七年）を監修している。この本では、「マナーレンジャー」というキャラクターが、三択問題を出して子どもたち（小学生）のマナー診断をする仕組みになっている。「朝、家で」「登下校中」など、合わせて六つの生活場面を「ステージ」として設定し、そのなかで具体的なケースをあげながらレンジャーたちがマナー診断テストをしてゆく趣向である。

そのなかの「放課後」ステージでの質問で、「友だちの家に遊びにきたよ。玄関で大切なマナーは？」

の質問がある。これに対する選択肢は、**1.「こんにちは」と言ってからあがる　2. 家の人のジャマにならないよう、静かにあがる　3. 脱いだ靴をそろえる**　である。正解は、1と3であり、ときとして「赤ちゃんのいるようなお家では、2も気をつけよう」とある。きわめて礼儀正しい態度を選択した君は合格点!!となるわけである。

この設問では、はじめから「家にあがる」ことが前提として語られ、「家の人」の視線を意識したマナーが問題視されている。確かにそれはお行儀の良い正しいマナーであることにまちがいはないものの、いかにも大人好みのふるまいという気がしてならない。

玄関先に遊びにきた子どもにとって、まず一番大切なことは、友だちに対して、「あそぼう〜!!」という元気の良い呼びかけをすることだろう。友だちに自分の遊びたい思いをきちんと伝えることが、遊びをスタートさせるための最初の「マナー」とはいえないだろうか(「あそぼう」っていうと、「あそぼう」っていう。金子みすゞもそう歌っていたではないか!)。その結果、友だちと外に遊びに行くことになるかもしれないし、友だちが、「今日はごめん、いそがしくてね。またつぎ遊ぼうね」といって、遊びを断ることだってあるだろう。

私自身の子どもの頃の経験では、友だちの家の玄関先で(田舎のことだから、むしろ土間口というのがふさわしいのだろうが)、「あそぼう〜!!」と、裏口にまで届くほどの大きな声を張り上げるのが、子ども同士の遊び時間をスタートさせるお決まりの儀式だった。ちょうど、道場破りや入門者が、「たのもう

〜!!」といって玄関先で大声をあげるようなものだ。子どもには、この「あそぼう〜!!」も含めて、例えば「子ども同士がけんかするときの黙約 ―― 子どもながらの紳士協定 ―― 」のように、大人の目からは見えにくい、子どもなりの「マナー」や「マナー性」というものがあるように思う。ただそれは、大人が一般に考えるマナーとは随分と異なる類のものだし、それを観察・記述することはなかなかに困難であるように思われる。

子どもが成長するにつれて、この「あそぼう〜!!」の声掛けは、どこかしら「子どもっぽい」仕草であると、当の子ども自身が意識し始める。それは社会的な羞恥心の芽生えに伴うものだが、これまでは息せき切って上がりこんでいた友だちの玄関先が、何か急によそよそしく感じられ始め、「こんにちは、○○ですが、□□君はご在宅でしょうか?」などといったあらたまったマナーに身を包むようになる。それは、子どもがもう大人への入り口に差し掛かっていることの証しであり、この場合の「あいさつマナー」とは、まさに大人としてのふるまいにほかならない。大人や教師からのお仕着せでなく、自らの判断でマナーを着脱するとき、子どもはすでに「大人」へと変容を遂げているのである。マナーとはもともと準規則であるから、したがわねばならない性質の「ルール」とは異なり、マナー行動は、その人の判断と自発性にかかっている。この意味からすれば、マナーに通じることは、「大人」の領域(比喩的な表現も含めて)に入ることでもある。本章では、マナーという概念をめぐって、「大人」と「子ども」との対比的な視点を加えながら、「マナーのなかの子ども」(マナーにおける子どものマナー問題)

について考察を加えていきたい。

1 嘘とマナー——マナーを考えるための四領域

「お前は嘘がうまいから、行いだけでもよくなさい」。太宰治の小説『晩年』に出てくる言葉である。良い行いの型であるマナーと、マナー違反の代表とも言える「嘘」。太宰のこの言い回しには、たんなるアイロニーを超えて、マナーを考える際のヒントが隠されているように思われる。以下、マナーと嘘との関係を検討してみよう。

当然のことだが、良い行いをすることは、必ずしも正直さに裏打ちされている必要はない。たとえ、卑しいほどの偽善的な思いを抱いていたとしても、人のためにさっと立ち上がって席を譲ることは、「正しいマナー」として評価される。逆に言えば、マナーを上手に操ることは、腹のなかの「黒い偽善」を覆い隠してくれることでもありうる。酒井順子は、マナーはシミを隠してくれる強力なコンシーラー（ファンデーションの一種）のようなもので、マナーを守っている限りは自分が常識人だと誤解させてくれる心強い存在だという(酒井　二〇〇七、二六三頁)。この場合シミにとって、コンシーラーであるマナーは、「嘘」の機能を果たしているということになるだろう。

また、自分の行為がマナーに反していると知ったときに感じる感情は「羞恥」(負い目)であるとされるが(矢野　二〇〇八、二五五頁)、人は往々にして自分が「マナー違反」を犯していることに気づかない場合が多い。それは、大抵の場合、周りの人びとが「見て見ぬふり」をしてくれることによるのだが、マナー違反に対するこうした周囲の人びとの「やさしい嘘」は、果たしてマナーとしてはどうなのだろうか。「マナーのマナー」ともいえるこうした問題は、なかなかに難問でもある。

例えば、先ほどの酒井は、マナーのお手本としてよく持ち出されるフィンガーボウルのお話(西洋料理のマナーを知らない日本人が犯したマナー違反＝「フィンガーボウルの水を飲んでしまった」を、同席していた西洋人が自分も同じように水を飲み、日本人に恥をかかせないようにした話。さまざまなバージョン(注1)がある)を取り上げている。

酒井は、人前で日本人のマナー違反を直截に指摘することの残酷さを指摘する一方で、「一緒になって水を飲んだ」西洋人のやり方についても批判する。結局のところ、西洋人の親切にみえる行為は、一見すると相手を大切にしているようでいて、その実、相手を大変に馬鹿にした行為だとされる。なぜならば、その場で正しい知識を与えられなかった日本人は、後に何かのきっかけで正しいマナーを知ったとき、より深い恥辱を味わうに違いないからである(酒井　二〇〇七年、二四六－二四七頁)。

さらには、わが国のローカルマナーのなかで、一番手強いとされる「京のぶぶづけ」的問題がある。「ぶぶづけでもいかがどすか？」の言葉に対しては、食べてゆくも「イケズ」、食べずにやり過ごすも「ポンチ」といった一種の二重拘束性を感じてしまう(中島　二〇〇三、四一－四六頁)。こうした社交辞令的あいさつの読解には、何が本当の「腹」や「真実」で、何が「嘘」で「お世辞」なのかを見きわめるためのコミュニケーション能力や、洗練されたマナーセンスが必要とされる。このようにみてくると、マナーにとって、「嘘」は確かに重要な鍵概念の一つに違いない。

ところで、「嘘」、そのなかでもとりわけ「子どもの嘘」の問題を社会学的人間学の立場から深く考察したのが亀山佳明であった。亀山によれば、「嘘」は、「現実(事実)に代わるフィクション(シンボル)を創り出すことによって、他者の認識と行為とを意図的に操作する、というコミュニケーショナルな活動」として定義される(亀山　一九九〇、四五頁)。亀山は、子どもの嘘をいくつかのタイプに分けて考察しているが、その中心的概念が、「遊びの嘘」と「防衛のための嘘」である。「遊びの嘘」は、「ごっこ遊び」に代表されるような嘘であり、想像力によって紡ぎ出された嘘＝フィクションのなかに、子どもが没入(溶解)できるようなタイプの嘘である。これに対して、「防衛のための嘘」とは、自己を脅かす存在である外界(それは同時に自己を拡大させるに足る道具性にも満ちている)から自分を防御するための嘘である。子どもが上手に嘘をつけるようになるには、メッセージと、メタ言語(意味の妥当性)をも含めたメタ・メッセージ、それら両者の妥当な操作が要求される。そのため亀山は、嘘は子どもの正常な発達にとって不可欠であることを強調している(亀山　一九九〇、四六-四七頁)。

ここでマナーを、前出の亀山の嘘の定義に重ね合わせて考えてみれば、まずは嘘が発達的に構造化・内在化された後、ちょうどそれが進化・反転するようなかたちでマナーが成立してくるように思われる。例えば仮に、「嘘をつくマナー」なるものを想定した場合、嘘そのものを十分理解し、それに長けた人が、相手と自分の心を深く読み解きながら、「嘘をつくことによって相手を守る(あるいは楽しませる)」ということにでもなるだろう。嘘は、自己を守るための他者操作的なレベルや自分のイメージの世界で遊んだりするレベルにとどまるが、マナーは、シンボル(マナーという文化型)によって自己の認識と行為とを意図的に操作しながら、他者を守ったり、他者に遊ぶということまでをも含みこんでいる。

図5－1は、先ほどの亀山の「子どもの嘘」のところで述べた「防衛─遊び」の二つの方向性を縦軸にとり、横軸には「自己─他者」を対比させ、マナーの四領域を図式化したものである。簡単に説明しておこう。

第Ⅰ象限は「他者を守る」であり、「他人に迷惑を掛けないためのマナー」の領域である。ルールや規範的な性格

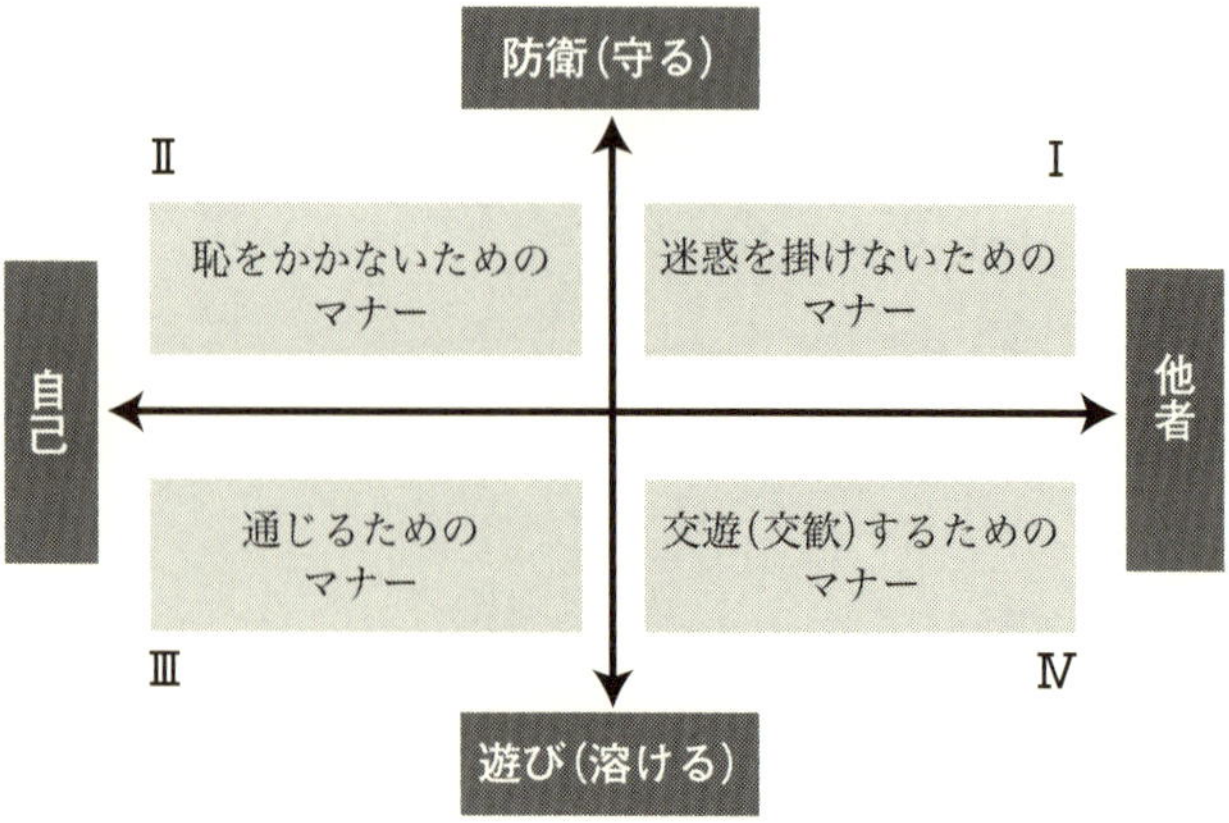

図5-1　マナーの四領域

をもつ決まり事やふるまいの多くは、この第Ⅰ象限に相当するだろう。第Ⅱ象限は「自己を守る」であり、「自分が恥をかかないためのマナー」である。「躾」がこの領域での主要な鍵概念になる。もちろん、「他人に迷惑を掛けることで自分が恥をかく」という状況が想定できるように、ⅠとⅡとは相互に密接に関連しているが、一応ここでは便宜的に区分して領域化しておく。第Ⅲ象限は「自己を遊ぶ」であり、「何事かに通じるためのマナー」である。例えば、「粋」であるとか、「美」、「おしゃれ」といった、センスや趣味に関係するマナーの領域である。最後に、第Ⅳ象限は「他者を遊ぶ」あるいは「他者に溶ける」であり、「交遊(交歓)するためのマナー」である。このマナーの究極概念として、「歓待」や「ホスピタリティ」という鍵概念が存在すると思われる。

一つ指摘しておきたいことは、マナーに関する個々の具体的な知識や行動型が、四つの領域ごとに必ずしも別々に存在するわけではないという点である。例えば「あいさつをする」という行動は、どの領域にも存在し、領域ごとにその固有性を持つとともに互いに連関性を有している。「あいさつ」は、他者を守るためにする場合もありうるだろうし、躾の一つとして考えることもできる。また、「粋なあいさつ」もあるし、「純粋贈与」(矢野　二〇〇八)としての「あいさつ」を想定することも可能である。

もちろんマナーとは、本来的にはこのようなかたちで分節化できるものではない。矢野智司によれば、明治以前において、礼儀作法とは、あらゆる制度が一挙に表現される「全体的社会事実」(モース)であったとされる。例えば「禅宗では行住坐臥がそのまま修行であるとよくいわれている。つまり、食事や挨拶といった日常生活の諸作法の実践それ自体が『行』とされるのである。そのため食事にも厳格な作法があり、その作法にしたがって食事をしなければならない。このような思想が可能なのは、作法が全体的社会事実だったからである」(矢野 二〇〇八、二四五–二四六頁)。したがって、図5–1における四つのマナー領域は、あくまでも便宜的なカテゴリー化に過ぎない。ただ、今日のマナーは、すでにかつての「全体的社会事実」からは大きく逸脱し、矮小化、通俗化している。今日的なマナーを考える際には、この図式はとりあえず操作概念として有効であると思われる。

2 「修学旅行」は生けるマナー手本!

図5–1に沿いながら、最初は第I象限からスタートし、マナーのなかの子どもたちの様相を(エピソード的な諸相の形で)見てゆきたい。まずはタイムスリップを楽しんでみよう。ここで時間は昭和三〇年代当時の子どもたちへと帰ってゆく。

映画「ALWAYS三丁目の夕日」は、二〇一二年時点ですでに三作目の公開となる。映画の舞台は、東京下町に位置する「夕日町三丁目」である点はいつもと同じであるが、今回の時代背景は一九六四(昭和三九)年の東京オリンピック時である。この映画の監督である山崎貴は、卓越したCG技術を駆使し、六〇年代の日本の原風景をノスタルジックに描いてみせる。山崎は言う。「当時を生きた誰かの記憶にあることは、他の人たちにとっても印象的だったはずなので、そのエピソードを映画に散りばめて、誰が見ても〝あったあった〟と感じられるようなものにしたかったんです。（中略）もしかすると中には、現実とは違っていることもあるかもしれないけど、僕は人々の記憶の中の昭和を創りだしたいと思ったんです。」（「ALWAYS三丁目の夕日」製作委員会　二〇〇五、二二頁）

記憶とは不思議なものである。かつてはあれほど嫌悪していたはずの経験が、時間の回路のなかで浄化され、楽しかった思い出として美しく結晶化し、キラキラと耀き始めるのだから。「もしかすると中には、現実とは違っていることもあるかもしれないけど」と山崎が言い、かつ彼が映画では描かなかった「最たるもの」、それは、六〇年代前半までの東京の「汚さ」であり、当時の都市生活者の「マナーの悪さ」である。

当時の東京が、ゴミやトイレ問題を中核として、いかに多大な衛生的かつマナー的問題を抱えていたかについては、柴田徳衛の『日本の清掃問題』に詳しい。それによれば、未処理の屎尿の海上への日常的投棄、河川への無秩序なゴミ捨てと水洗便所からの直接放流、それにより発生するメタンガスや亜硫酸、不衛生なドブ・下水からのハエや蚊の大量発生等々、それこそ目を覆うばかりの惨状が記されている（柴田　一九六一）。このため、アジア圏初のオリンピック開催を間近に控えた東京では、大規模な「新生活運動」が全都民によって実践され、衛生面やエチケット（マナー）（注2）を含めた公徳心の向上がめざされることになった。例えば、社団法人東京都新生活運動協会では、昭和三五年度から、特に公衆道徳面での対策に重点を置き、次の九項目を実践目標として掲げた（以下の項目の表記は、「ママ」である）。

一、道路をよくし、交通道徳を高める運動
二、川やみぞをきれいにし、カとハエをなくする運動
三、公園・緑地等を美化し、草木や鳥獣を愛する運動
四、酔っぱらっての、しゅう態をなくする運動
五、紙くず等を散らかさず、町をきれいにする運動
六、タン・ツバ・立小便等を禁示する運動
七、商業道徳を高め、営利本位にならない運動
八、親切心を高め、お互いに思いやる運動
九、国際エチケットを高める運動
（東京都オリンピック準備局編　一九六一、『東京都オリンピック時報』（第二巻第二号）、一九–二〇頁）

こうした運動の成果は次第に形となって現れ始め、例えば、一九六四年七月二日の読売新聞（朝刊）社会面には、「公徳心、金メダルにあと一歩」と題した記事が掲載されている。それによれば、「ここ数

か月、町や村をきれいにする運動は全国的に高まり〝チリひとつ拾う心に金メダル〟を合いことばに、公徳心は目にみえて向上しているといわれる。そこで、各方面で進められている運動の成果を調べ、あわせて町の中の実情をみてみた」との書き出しで始まり、記事の終わりの方では、「皇居前広場で、マツの木に登る人はなくなったし、小、中学生の修学旅行では、全員ビニールのゴミ入れ袋を持ってゆく。クラスで二、三人はホウキとチリ取りを持ち歩き、旅行が終わったあとの車内には、チリひとつ残っていないという」との記述がなされている。修学旅行が、美化運動のお手本として取り上げられているわけだが、実は、修学旅行は、この時期、たびたびエチケットのお手本あるいは鑑(反面教師的な「鏡」の場合も含めて)として新聞紙上で取り上げられている。何しろ修学旅行は、政府の閣議においで、エチケット問題として話題に取り上げられていたのだから驚きである。以下は、一九五三年六月六日の朝日新聞(東京本社・夕刊)の記事の一部である。

道徳教育については口やかましい吉田首相が五日の閣議で「最近修学旅行の学生生徒が車中に紙クズを散らかしたり、行儀が悪いようだがなんとかしつけが出来ないものか」と大達文相に善処を要望、奈良出身の木村保安庁長官も「奈良公園が修学旅行の生徒で紙クズだらけにされ手を焼いている」とのべ、いつもは四角張った閣議が時ならぬ〝修学旅行談義〟でにぎわったという。
この修学旅行をめぐる生徒のエチケットについては大達文相あてにも非難の投書が舞い込んだり

しているが、一方では四日東京で開かれた全国学校保健主管課長会議の席上、修学旅行のお手本として文部省から日本一の折紙をつけられた松江市内中原小学校のような例もある。

新聞で紹介されているお行儀のよい内中原小学校（松江市立）の例とは果たしてどのようなものであったのか。記事によれば、六年生二〇〇名が「恥かしくない立派な旅行をしよう」と申し合わせて、風紀、清掃、保健、交通などの班に分かれて準備を進め、出発前には社会科の時間に教室のイスを座席に見立てて車内エチケットの学習を行っている。そして出発時には掃除用の箒十数本、セロハン袋、洗濯バサミなどの〝七ツ道具〟を持参するほどの念の入れようであり、例えばセロハン袋は汽車に酔って車中に吐いたりしないためのもので、名前を書いた洗濯バサミは、旅館で脱いだクツに挟み、履き違いや紛失を防止するための道具だという。清掃班の児童たちは、車中はもちろん旅館での掃除も全部自分たちでやり、さらに給食班は、驚いたことに女中さんと一緒に配膳までも手伝っている。また保健班は入浴の時に手拭いをフロにつけないよう励行したため、どの旅館の関係者からも「こんなにお湯をよごさない客ははじめてだ」と感心されたとある。まさに「他人に迷惑を掛けない折り紙つきの エチケット（マナー）修学旅行」なのである。

白幡洋三郎によれば、日本最初の「修学旅行」は、明治一九（一八八六）年二月に行われた東京師範学校の「長途遠足」がこれにあたるとされるが、もともとは見学、見聞などよりもむしろ身体鍛錬を目的とする徒歩旅行の性格が強かった。しかしその後、明治三三年には、時の文部省普通学務局長であった沢柳政太郎(後に京都帝大総長も歴任する当時の教育界のリーダー的存在)主導のもと、新たな概念規定がなされてゆくことになる。すなわち、「修学旅行とは学校生徒が一人以上の教師の指揮の下に少くとも二日(宿泊をなして)旅行して『体育』『智育』『情育』『意育』に等しく益せしむることをいふ」(「独国ノ修学旅行」、明治三三年)である。こうして、最初は師範学校の恒例行事であった修学旅行は、学校制度の整備・拡張とともに普及し、日帰りの遠足とともに学校教育の一環として広く定着していく(白幡一九九六、一一三－一一二頁)。白幡はさらに、昭和三〇年代の修学旅行についても記している。当時、宿泊を重ねる修学旅行は大変な贅沢であり、大いなる消費として受け取られた。そのため、子どものハレの舞台に親は無理をしてでも旅行の準備を整えたが、また同時に修学旅行は、子どもだけの行事ではなく、多くの機能と役割を抱えた「社会的行事」であり、戦後の庶民の暮らしぶりを映し出す鏡でもあった(白幡　一九九六、一三一－一三二頁)。修学旅行が他人に迷惑をかけないマナーのお手本(鑑)として、また、ときとして「困った修学旅行」(反面教師＝鏡)としてクローズアップされるのも、修学旅行がこうしたハレを代表する社会的行事であったればこそのことであろう。

修学旅行関連の記事は、前出の読売新聞の記事なども含めて、その後も旅のお手本としてたびたび紙面に取り上げられている。そこには、子どもですらこれだけのエチケット(マナー)を行えるという大人側への戒め的なメッセージ性が強く込められている。

というのも、当時の大人たちのマナー状況は、いまから考えるとちょっと信じられないくらいにひどい状態だったからである。一例をあげてみると、一九六〇年の五月七日付けの朝日新聞（東京本社・朝刊）には、「連休エチケット採点　団体さんは最低　〝復旧作業〟に泣く観光地」と題した次の記事が掲載されている。

団体客の七割までは酒を持ち込んで、旅館につくと幹事が「少し荒れますがよろしく」と断わる厚かまし組が多く、旅館では床の間の置き物は全部かくす用意周到ぶり。仲間げんかの末、隣室の客にいんねんをつける。窓ガラスを破る、タンゼンや畳をカミソリでずたずたにしてしまうなど手に負えないものが多く、広間の柱で綱渡りをして柱をキズだらけにしたあげく、翌朝帰る時は備え付けのポマードやクリームからクシまでごっそり持ち去られた旅館もある。吸い物ワンやサラが消えるのはザラだが、女の客でもスリッパやタンゼンのひもを持ち帰るものが多いという。

一方、地元バス会社も一日三万五千人平均の客を運んだが、この定時バスの客の中にはガイドさんの説明が悪いと、おりる時に車掌をなぐって酒を頭から浴びせた客もある。このほか国道わきを歩くハイカーに空ビンを投げつけたり、芦ノ湖畔に建てたばかりの一灯五千円の水銀灯を石でこわすなど、箱根はこれらの観光客の乱暴ザタに頭を抱えている。

「迷惑行為」というよりも「犯罪」そのものともいえる何とも凄まじいマナー違反の数々である。「旅の恥はかき捨て」とばかりに狼藉の限りを尽くすマナー以前の行為が目立っている。これからすると今日の日本人の旅行マナーがいかに立派に進歩してきたかがよくわかるというものである。いずれにせよ、昭和三〇年代当時、旅行という一点に絞ってみると、子どもたちの修学旅行は、「他人に迷惑を掛けない」という作法において、大人たちにとっても旅のマナーのお手本的な教科書であったのだといえよう。

間奏――二つの対照的なマナーポスターから

七〇年代、二つの対照的なマナーポスターがあった。両方とも営団地下鉄内の乗車マナー向上を呼びかけるポスターであり、年齢の大小は異なるがいずれも子どもが主役である。だが両者は、「子どものマナー」へのまなざしという点では陰と陽の関係にある。

【A】のポスターは、子どものマナー違反への世間からの厳しい声が表現されているのに対して、【B】のポスターは、行儀の良いマナー優等生の子どもをマンガの主役が演じている。【A】のポスターは、一連の営団地下鉄マナーポスターで一躍注目を浴びたデザイナー・河北秀也制作のもので、「お母さんと子供シリーズ」(全三作)の一作目にあたる。

　ちなみに、このポスターが作られた(貼られた)三ヵ月後の一九七六年六月には、マリリン・モンローの「帰らざる河」をもじった「帰らざる傘」のマナーポスター(傘の忘れ物注意)の大ヒットがあり、さらに同年七月には、チャップリンの「独裁者」のパロディ版である「独占者」のマナーポスター(座席の独り占めはしないように)の連続大ヒットが続く(注3)。これら一連のマナーポスターの人気沸騰によって河北の名前は大きく世に出ることになる。したがって、七六年の三月時点では、まだ河北は無名に近かったのだが、このポスターは、そのキャッチコピー「コラッ坊ず！靴をぬげ。」によって、少なからず話題となった。「コラッ」の言葉が、表

【A】

【B】

乗車マナー向上を呼びかけるポスター

現としてはきつ過ぎるとか、かつての「オイコラ」の警察官のイメージを想起するなどの批判的な意見がある一方で、気合の入った良い注意で、愛情を感じるといった肯定的な意見もあり、新聞紙上等で賛否両論が交わされたからである(楠元　二〇〇九、八八-八九頁)。また、「人の子供をつかまえて、坊ずとは何だ」と営団地下鉄に怒鳴り込んできた人もいたという(河北　一九八九、八二頁)。

少し図像的な解説をしておこう。ポスター【A】の右側の女性二人は、華やいだ装いのため少し社会的属性がわかりにくいのだが、「お母さんと子供シリーズ」という点を踏まえれば、靴のままシートに乗っている三人の悪戯坊主の「お母さんたち」である。ポスターは、迷惑な子どものふるまいに対して、お母さんたちが何も注意せずにおしゃべりに夢中になっているといった構図になっている。したがって、「コラッ坊ず！靴をぬげ。」は、悪戯坊主たちへの叱責であると同時に、自分の子どもに何も注意しない無神経な母親に対する叱責のメッセージでもある。

デザイン学の楠元恭治は、このポスターについて次のようなコメントを寄せている。

営団地下鉄という公共権力がこどもを親のあたまごしに叱りつけることが戦前戦中の経験者にとっては、不愉快なことではあっても、子どもの無邪気さを自由として容認し、無邪気さの社会的迷惑をかえりみない親の責任を放棄している姿に苦々しいものを感じていることが理解される。戦後民主主義の成長と共に家族の自由と公共性が、言い換えれば資本主義的な自由主義と民主主義的な社会性が齟齬をきたしはじめた時に、戦後の放任家族に対する提言のようにこのポスターは作られたのである。

識者のみんながみんな「コラッ!」はきついですね。と言いながら、一方で、みんなポスターから発せられるの(ママ)強い愛情を感じとっている。それはこのポスターが、公共権力という上からの発言ではなく、生活社会(大衆)の側(立場)の視線で表現されているように見えるからである。

(楠元　二〇〇九、八九—九〇頁)

「ポスターから発せられる強い愛情」をみんなが感じとるのは、かつて地域に存在した、子どもたちへ直言・苦言を呈してくれる頑固親父や地域の大人たちのイメージがノスタルジーを伴って見えてくるからであろう。森真一は、かつてわが国には、「やさしいきびしさ」があったという。「やさしいきびしさ」とは、「将来、相手が苦労したり傷ついたりしないように、いまは相手にきびしく接して、反省させたり、ある態度や技術を身につけさせるような場合」のことを指す。これに比して今日では、「きびしいやさしさ」が主流であり、「いま現に目の前にいる相手を傷つけたり、不快にしたりしないよう、全力をあげて努力する」ことが求められるという(森　二〇〇八、一六—二〇頁)。

このポスターに対して、「人の子供をつかまえて、坊ずとは何だ」と営団地下鉄に怒鳴り込んできた人もいたというエピソード自体が、すでに面と向かって他人の子どもに直言・苦言を発することが困難になってきていることを示している。森のいう「やさしいきびしさ」は、一九七〇年代の後半あたりにはすでに失われつつあったことが見てとれる。

それにしても、今日の地下鉄や電車内で、土足のままシートに登るような「無邪気な」子どもたちを果たして見かけることがあるだろうか(否、出来るだろうか)。もしも今日、このポスターが地下鉄内に実際に貼られた場合、多分、十分なリアリティはもちえないはずである。【A】のポスターがメッセージとしてのリアリティをもちえたということは、逆に言えばこの時代までは、子どもたちのこうしたマナー違反がまだ日常的に存在していた(存在できていた)ことになるだろう。してみると、この時代の「子どものマナー」に対するまなざしは、厳しさが強まってきつつあるとはいえ、まだ許容的であり、子どもの無邪気さを容認する大人側の寛容度が大きかったことを同時に読みとることができるだろう。

もう一方の【B】のポスターは、【A】の約三年後に制作(掲示)されたものである。これは、一連の営団地下鉄マナーポスターシリーズの五六作目の作品であるが、先ほどの河北の手によるものではなく、「株式会社東京宣広」の制作によるものである。ポスターの主人公は、当時人気の高かったマンガ『おれは鉄兵』(ちばてつや)の主役である「上杉鉄兵」である。このマンガのストーリーを知らない人にとっては、単に素朴で正直そうな少年が率先して席を譲ろうとしている図にしか見えないであろう。

しかしながら、このマンガは、児童マンガ部門において、一九七六年の第七回講談社出版文化賞を受賞するほどの優れた人気作品であり、一九七七年にはアニメ化もなされ、七八年までテレビ放映された。したがって、このポスターが貼られた一九七九年当時には、多くの人びとはこの作品のストーリーを理解したうえで、ポスターのメッセージ性を解釈したものと考えることができる。そのストーリーとはおよそ次のようである。

上杉鉄兵はもともと大変な名家(ほとんど「大名屋敷」のような家として描かれている)の生まれであるものの、埋蔵金発掘をめざす破天荒な父親に幼い頃に連れ出され、中学生くらいの年になるまで、野山で野生児さながらの生活を送ることになる。ときには、親子で盗みやダイナマイト爆破といった犯罪行為に手を染め、鉄兵は札付きの悪童に成長する。そんな鉄兵が家族によって無理やり実家に引き戻され、中学に強制的に入学させられることとなる。野生児鉄兵は、今度は学校一の問題児として、次次と問題を引き起こすものの、けんかで身につけた持ち前の剣道の腕前とセンスにより、やがて剣道部に入部し、そこから鉄兵の奔放かつエネルギッシュな大活躍が始まる、といった大筋である。

したがって、このストーリーからもわかるように、鉄兵は、このポスター内の「鉄兵」とはまったく逆のキャラクターなのであり、マナーからはおよそ縁遠い存在である。何しろ、中学生なのに無類のギャンブル好き、女好き、酒好きなうえ、得意の剣道でも、勝つためには型など無視し、卑怯な手段を平気で用いる子どもなのである。だからこそ、そうしたキャラクターの鉄兵が、このポスターの「鉄兵」になっているところにポスターの意図があることになる。「あの問題児・鉄兵がマナーを実行している!?」。そのギャップこそがこのポスターのミソなのである。

それにしても、ここに描かれたメッセージは、実に単純かつ純粋である。デザインには、マナーを実行する「主体」である「鉄兵」以外、一切のものが省略されている。つまり、周囲がどのような状況であろうとも、それに関わらず、ともかくも自分の意思できっぱりと立つこと、そしてそれを姿として表すこと、それこそが「マナーの王道」であると、このポスターは言い切っているように見える。それは、「お年寄りに席を譲る」のが「あたりまえのマナー」としてシンプルに見えやすい時代であったからこそと考えることができよう。

これに比してみると、二〇一一年の東日本大震災直後に繰り返し流されたマナーCM・「見える気持ちに。」(「こころ」はだれにも見えないけれど「こころづかい」は見える)(注4)に登場する男子生徒はずいぶんとセンシティブでナイーブに見える。席を譲るという気持ちは溢れていても、それを型に表して行うことには照れや逡巡、抵抗がある。このコマーシャルでは、男子生徒がついに意を決して老女の手助けをするのは、人目がほんどない階段場面である。相手の心理や周りの状況に応じて微妙な判断を下しながら、マナーを実行するという、より複雑で神経細やかな(皮肉な言い方をすれば「神経症的な」)今日的マナー状況をそこに垣間見ることができる。

3 躾、粋(いき)、おしゃれ

第Ⅱ象限の例を一つあげてみよう。浅草育ちの秋山安三郎は、『東京えちけっと』のなかで、母から受けた子ども時代の躾について次のように記している。

母に伴れられて蕎麦屋へ入る時はニガテだった。大概食べながらおこられるのである。(中略)差向いで食べる私が、うっかり蕎麦をジャブンと汁に突込んで食べようとでもすると、いきなり母が持っている杉箸で私の杉箸を叩き落すようにピンッと弾き、「またそんな食べようをする!」と叱られるのである。掬い上げた蕎麦の端を、ほんの少し汁に浸して食べないと言っては叱られ、蒸籠に三四筋蕎麦を残したといってはおこられ、実にやかましいのである。なんでも蕎麦の行儀というのは、最後だ。でもお蔭で、私も大人になってから蕎麦食いの一人になって、或時代には私の蕎麦を啜る音が旨そうだと言って、勤め先の課長さんがわざわざ弁当の時間に蕎麦を二人前ずつ誂え、私を前に置いて私の食べ方を聞きながら自分も旨く喰うという日々を過ごしたこともある。つまり蕎麦を旨そうに食べる芸だけで弁当代が要らなかったのである。母の徳である。(秋山　一九五三、一五三―一五四頁)

秋山が母から受けた「徳」とは、前出の「やさしいきびしさ」(森真一)に基づいた躾にほかならないだろう。こうした躾によって身体化された食事マナーは、秋山がそうであったように、往々にして大人に成長してから無形の財産として役立つものである。また、教える親の側も、将来わが子が「一人前」の大人として世間から認められるようにと願い、厳しい躾を行うのである。その意味では、マナー教育の時間軸は、「遠い将来」に基点があり、子どもにマナーを教えながらも、その実、決して「子どものマナー」を教えているのではなく、遠い将来に花開く「大人のマナー」を身体化させようとしているのだと解釈できる。

もう少し、秋山の受けた躾にこだわってみよう。ここでの躾は、いわゆる「型はめ教育」にほかならないが、それが上手くいったのはなぜだろうか。その理由はメディア(注5)との出会いにある。ここでのメディアは二つある。一つは、箸と蕎麦である。乳児は母親の乳房につかまりながら、乳首を口に含み、舌と唇を巧みに用いながら母乳を吸引する。乳房は、人間にとってのメディアの原器ともいえるだろうか。人間は、発達の途上において、さまざまなメディアとの出会いのなかで、それらメディアに対応した(あるいはメディア自体が誘発する)行動を発現させる。コロコロと転がるボールを懸命に後追いしてゆく幼児の姿は、ボールというメディアがそうした行動をいわば誘発しているとも考えられる。

箸と蕎麦は、秋山に、「箸を持ち」「蕎麦を手繰る」という一連の行動を誘発させる。だがそこには特に決められた作法は存在していない。ともかくも蕎麦が喉を通れば目的は達せられたことになる。だがここに、さらに第二のメディアが加わる。マナーモデルとしての母親である。母親の姿を鏡像(「差向いで食べる」)とすることで、たんに食べるためだけの「持ち—手繰る」行為は、江戸固有の様式美(粋)にまで高められる。こうして将来の「大人のマナー」は、秋山の身体に型として定着する。

蕎麦が出たついでに、一見すると子どもにはまるで無縁な「酒」を俎上にのせてみよう(ちなみに蕎麦屋に日本酒は欠かせない)。

酒も一つのメディアである。

映画『男はつらいよ!—ぼくの伯父さん』(第四二作)のなかに、とても印象的なシーンが登場する。この映画は、予備校生活を送る満男(寅さんの甥:吉岡秀隆)が、憧れの美少女である泉(後藤久美子)に再会するために家出をし、オートバイで一人旅に出る話が縦糸となっている。寅さん(渥美清)の役どころは、甥の満男を斜めから助力してやるアドバイザーといったところである(ちなみに寅伯父さんの役割は、社会学的には、「社会的オジ」〔亀山　一九九〇〕という概念に相当する)。

映画の冒頭部分で、久しぶりに故郷柴又に帰郷した寅さんが、甥の満男とともに、「どぜう屋」に行き、満男の悩み相談に乗るシーンがある。「斜めの存在」であるオジさんの見事な二重身ぶり(ときには母親のように甘やかし、ときには父親のように叱る)と岡目八目の強みが発揮される味わいのあるシーンなのだが、そのシーンの冒頭で、酒(日本酒)にまつわるマナーを寅さんが満男に語りかけている。そこに注目してみたい。

（満男の差向いに座っている寅さんがお銚子を手に取り、満男の盃に酒を注ぎながら）

「さぁっ、満男、お前も一人前だ、なっ、さっ、一杯いこぅ！　うん！」

「いただきま〜す」（満男、一気に盃をあおる）、

「うっぷ!!」（満男、酒にむせてしまう。それを見た寅さんは、呆れ顔で……）

「なんだ、おい……、酒の飲み方から教えなきゃなんないのか!?」

「どうやって飲むの？」

「どうやってって……」

「いいか、まず、片手に盃をもつ」

（寅さん、言葉と同時に盃を手にし、飲み方を実際に示しながら）

「酒の香りを嗅ぐ。なぁ、酒の匂いが、鼻の芯にじぃ〜んと沁み通った頃、おもむろに一口、さぁ、お酒が入っていきますよ、ということを五臓六腑に知らせてやる。なぁ、そこで、ここに出ているこの付きだし、これを舌の上に、ちょこっと、のせる。これで、酒の味がぐぅ〜んと良くなる。それから、ちびり、ちびり、だんだん、酒の酔いが体に沁み通ってゆく。」

「それを何だ、お前!?　かけっこしてきた奴が、サイダー飲むみたいにガーッと飲んで！　胃袋

が驚くよ、それじゃ!! わかったか!?」
（満男、照れたように頭のうしろを掻きながら頷いてみせる）
（山田洋次監督作品『男はつらいよ・第四二作―ぼくの伯父さん』松竹ホームビデオ）

同じ酒を飲んでも、一方は「一気飲み」のように子どもっぽい飲み方で周りの顰蹙を買い、一方はいかにも大人らしい飲み方だとして感心される。酒を飲む仕草が、いかにも「粋」であるマナーを身につけること。ここでは、酒というメディアに、さらに寅さんというトリックスターのメディア性が加味されることで、満男は、大人としての酒のマナーに目ざめさせられる。予備校生の満男はもちろんすでに子どもではないが、酒というメディアに関しては、「子ども」の振る舞いレベルでしかなかったわけである（酒と同質のメディアとしては、例えばタバコがあげられるだろうが、タバコの大人文化はすでに禁煙社会のなかで瀕死状態である。酒やタバコは、比喩的な意味での「子ども」も含め、子どもが大人になるための「イニシエーションとしてのマナー」を担保する数少ないメディアであろう）。

寅さん直伝の「酒のマナー」は、いわば寅さんが過ごしてきた人生のなかでの生活の知恵（粋なマナー）の一端（注6）であり、図5―1でいえば、第Ⅲ象限に相当するだろう。

この第Ⅲ象限には、例えば「おしゃれ」といったものもあげられるように思う。最近の若者言葉に「オッシャレ～!!」という言い回しがある。これは、「カッコイイ」や「さわやか」と同じ意味を表現している。「おしゃれ」は、してもしなくても良いものであるが、おしゃれをすることで、自分も相手も気持ちよくさせる効果がある。「おしゃれ」もその意味でマナー的な行動の範疇に入るだろう。

少女向けのエチケット本、マナー本はかなりの数が出版されているが、それらの重要な主題の一つが「おしゃれ」である。そのものずばり『おしゃれ・エチケット入門』(郷裕隆・はるな澄子、一九八二)という題名の本も出版されている。また、こうした少女向けのマナー本では、おしゃれやファッションの問題とならんで、決まってテーブルマナー(和洋ともに)がテーマとしてあげられている。テーブルマナーは、普通に考えれば、食事の技法だが、ここでは、美しいレディ、憧れの大人のレディがとるべき優れた振る舞いの象徴として描かれている。女の子向けのエチケット本の一つである「小学館入門百科シリーズ45」の題名は、そのことを示すかのように『ミニレディー百科・エチケット入門』(柿本勇、一九七六)である。もっと時代をさかのぼってみれば、戦後すぐに出版された少女向け雑誌である『ひまわり』や『少女世界』等でも、テーブルマナーはしばしば話題として取り上げられてきている(注7)。

ここでの「おしゃれ」や「テーブルマナー」は、いわば大人社会(素敵な大人としてのレディ)への強い憧れのまなざしのなかにあると考えてよいだろう。それらのマナーは、仲間同士のつながりや同一化を図る類のマナーではなく、他人よりも一歩抜きん出た美的な「差異化」を図るためのマナーである。さらにいえば、それらは多分に、美のための美、あるいは、おしゃれやテーブルマナーを想像するだけですでに楽しい気分になるといった類のコンサマトリー性(「行為をすること自体が目的であり、ただそれだけで喜びや満足が充足される」)を有している。もちろんその一方では、おしゃれになることで男の子と仲良くなれるというインスツルメンタルな(「行為をすることは、ある目的を実現するための手段である」)マナーの効用性もちゃっかりと描かれてもいるのではあるが。

いずれにせよ、「センス」という文脈にたつとき、おしゃれには、「華道」「茶道」と同じように、少し変な言い方ではあるが、「おしゃれ道」とでもいうべき一本の確固とした「道」がある。それを子どもの頃から歩んでゆくことで「センスを磨き」、「センスアップ」してゆくということになるのではないだろうか。

4 進化したマナーセンスと知識

昭和三五年に出版された『子どものエチケット』は、戦後の子ども向けマナー本のなかでは、おそらく初めてのセット本(六冊)である。小学一年から六年までの各学年で目標とされるほぼ同型のマナー項目が掲げられ、学年進行とともに、より高度なマナー目標を達成してゆく構成になっている。ちなみに昭和三五年という年は、「東京オリンピック」を四年後に控えた年であり、この本のなかにも、東京オリンピックを立派に成功させるために、子どもたちが「スポーツを愛し、オリンピックに参加する人たちを、心から親切にむかえること」（同書・〈五年生〉一五二頁）が大切だと記されている。

この本の編者は、「東京私立小学校生活研究会」である。当時の東京は、オリンピックのための建設ラッシュであるとともに、急激な都市化に伴うさまざまな社会問題（前出の衛生問題なども含めて）を抱えていた。「エチケット」という言葉は、戦後の代表的な流行語の一つであるが、それは、敗戦直後のわが国が、いわば「第二の鹿鳴館時代」ともいえる西欧化（アメリカ化）の波に洗われたことと、東京を代表とする大都市に人口が流入・集中し、都市化が急激に押し進められたことに関係している。例えば、当時ベストセラーとなった『エチケット―淑女の資格・紳士の条件』を見てみると、洋式トイレの使い方が図解してあったり、カクテルパーティーなどの西欧式社交スタイルが紹介されている（日高・日高　一九五八）。

だが考えてみれば、この当時、日本の津々浦々の農山漁村には都市化の波はまだほとんど及んでおらず、多くの子どもたちは伝統的な文化のなかに暮らしていた。それゆえ、この『子どものエチケット』は、都市化が進む東京都内の、それも洋式の生活スタイルをすでに享受することのできた富裕層の子どもたちが通う、私立小学校の関係者だからこそ書けた（書いた）内容と考えることができよう。

本書の内容についてここでは詳述しないが、興味深い箇所をいくつか紹介しておきたい。まず、歯みがきや洗髪に関する記述である。五年生向けの『子どものエチケット』にはこう記されている。

朝起きたとき、歯をみがく人は、多いようですが、夜ねる前に、みがく人は、少ないようですね。夜ねる前にも、みがきましょう。歯をみがき、口をすすぐことは、むしばを防ぐだけでなく、口のいやなにおいを防ぎます。
かみの毛が、ぼうぼうのびていませんか。おふろにはいったときは、せっけんをつけて、頭をあらいましょう。(同書・〔五年生〕一六頁)

都内の豊かな家の子どもにして、まだ「夜の歯みがき」がされていないことに驚かされると同時に、今ならいわずもがなの洗髪や整髪への注意がなされていることにも時代を感じさせられる。今の子どもたちであれば、歯みがきといえば、「昼食後」のエチケット磨きですら常識であるし、お風呂に入れば、種々の洗髪剤に加えて、それこそエステやデオドラント製品で身体を隅々まで磨き上げていることだろう。同書には、さらにこのような記述もある。

学校で、鏡の前に立っている友だちを見て、「あれ、おしゃれしてらー。」などと、からかっている人を、よく見かけます。でも、考えなおしてみましょう。(中略)みなさんの学校には、鏡が備えつけてあるでしょう。ろうかのつきあたりに、階段を上がったところに、げんかんをはいったところに、お便所の手をあらうところに、みんなの顔が、うつります。みんなの身なりがうつります。よごれていたら、あらいましょう。おかしかったら、なおしましょう。鏡を見るのは、おしゃれではありません。（同書・〈五年生〉一四－一五頁）

個人的な話しで恐縮だが、私の子ども時代、「三菱レイヨン」のテレビCMに、「おしゃれとちがわぃ、エチケットだぃ、ボ、ボ、ボンネル、現代っ子ルック♪!!」というとても有名なフレーズがあった。子ども心にとても気に入っていたとみえて、友だちと一緒によく口ずさんでいたのを思い出す。当時、「おしゃれ」は、子ども（とくに男の子）にとっては、まだどこか女性的であるとともに、よそ行きで気恥ずかしいものでしかなかった。おしゃれ以前の「身だしなみ」を整えることさえ精一杯のレベルだったのだ。

ところが、この『子どものエチケット』から、約四〇年後に出版されたセットタイプの子ども向けマナー本の題名は、ずばり、『なりたいな、おしゃれ・マナーの名人』（全七巻）であり、その第一巻は、タレントの高見恭子監修の『おしゃれなファッション』である。おしゃれは、ここでは大切なマナーであり、TPOはもちろんのこと、「変身小物でおしゃれ度アップ」や、「洋服の着回し術」、「髪型のおしゃれ」、「カラーコーディネート」まで実に多彩な内容となっている。前に紹介した女の子専用の「おしゃれマナー本」の類とは異なり、この本は、男の子、女の子に共通したおしゃれの理論的・実践的テキストである。したがって、前出の図5－1の領域でいえば、第Ⅱ象限、第Ⅲ象限については、子どもたちのマナー知識や感覚は随分と進化したことがみてとれる。昭和三〇年代と、平成時代とではまるで隔世の感である。

もちろん、先の秋山が体験したような親からの入念かつ微細にわたった「躾」は、今日ではもはや望むことはできまい。そもそも秋山の「蕎麦食い」が周囲の人々から珍重されたことを思えば、秋山の受けたような躾自体が当時からすでに少数派だったと考えることもできる。ましてや、「型」そのものが希薄化し、崩れてきている今日では、秋山流の躾を望む方がどだい無理というものである。「迷い箸」「探り箸」「振り上げ箸」「涙箸」などは、タブーとされる箸の作法の代表であるが、今日、こうした型を知っている親はよほどの「作法オタク」であり、いわば「絶滅危惧種」的存在だろう。

では、躾そのものが後退したかというと、それはむしろ逆である。広田照幸の述べるように、子どもの教育に関する最終的責任を、家族という単位が一身に引き受けざるをえない今日的状況のもと、親たちは以前に比べてはるかに子どもにさまざまなことを教えようと努力するようになっている（広田　一九九九、一二七―一二八頁）。例えば、全国一九大学へのマナーアンケート調査（二〇〇九）の結果をみると、大学生が家庭で受けた躾の程度は、「とても厳しくしつけられた」が一四・九％、「どちらかといえば厳しくしつけられた」が六五・五％であり、全体の約八割の大学生が厳しくしつけられたと回答している（西本ほか　二〇一一、三七頁）。また、現に、私が講義中（二〇一一年度）に学生に求めたレポートへの回答からも（テーマは、「小学生の頃、親や家族から受けたマナーに関する躾のなかで一番記憶に残っていることは何ですか?」)、多くの学生が、食事や挨拶、敬語の使い方に関して、親からの躾が厳しかったことを報告している(注8)。細かい型までは教えないかわりに、基本的なスタイルの躾は(カジュアル化を伴いながらも)、教育的なまなざしとともに一般化したのである。

5 「かくれんぼ」ができない子どもたち

第Ⅳ象限は、「交遊(交歓)するためのマナー」である。ここでは、子どもたちの遊びの世界におけるある一つの事例を取り上げたい。

子ども用マナー本の一つである『子どものマナー図鑑 3』は、「でかけるときのマナー」のあれこれを、かわいいイラストで説明するマナー・アラカルト集である。このなかの「公園にいく」の部分で、「池や噴水にものをなげこまない」や「ゴミはゴミ箱に。なければもち帰る」などというマナー項目にまじって、「キケンな遊びかたはしない」「人目につかない場所や人がいないところへはいりこまない」という項目があがっている(峯村　二〇〇〇、一三頁)。確かに、キケンな遊び方(男の子のブランコの乱暴なこぎ方がイラスト化されている)はしないに越したことはないだろうし、子どもの連れ去りや通り魔的事件のことを想起すれば、人目につかない場所は避ける(不審な大人の男性がイラスト化されている)のが大人側の常識的な配慮であり、呼びかけでもあろう。

だが、子どもたちの遊び、なかでも伝統的な外遊びは、「キケン」で「人目につかない場所」を好んで選択することが多い。例えば、「秘密基地ごっこ」は、男女を問わず子ども遊びの定番であるが、「秘密」であるがゆえに「人目につかない場所」に基地を作ることが必須条件である。また鬼の目から逃れる遊びである「かくれんぼ」もそうした条件を備えている。危険をあらかじめ予防する大人側の視線やマナー的配慮が、遊びのダイナミズムを子どもから奪うことはないのだろうか。

杉本厚夫は、いまの子どもたちが「かくれんぼ」ができなくなってきているという。杉本はまず、「かくれんぼ」のもつ怖さを指摘する。

> 実は「かくれんぼ」という遊びは、怖い遊びのひとつにあげられる。
> それは、まず隠れるところが、こんなところには隠れないだろうと思うような危険な場所を選ぶからである。つまり、隠れる場所が危ないという意味で怖い。
> もうひとつ怖いというのは、隠れていて恐る恐る出てきたら、もう「かくれんぼ」は終わっていて、みんな帰ってしまったという場合である。つまり、「かくれんぼ」で独りぼっちになってしまうことだ。(杉本　二〇一一、三–四頁)

さらにこの遊びを体験した者には常識以前のことであるが、「かくれんぼ」は、時として相手を「騙し

―騙し合う」駆け引きを楽しむところにその醍醐味がある。

鬼は、わざとみんなが隠れていると思われる方向とは逆の方向に歩きだし、隠れている子どもを安心させておいて、急に振り返って見つけ出すという策を講じる。いわゆるフェイントと呼ばれる騙しである。もちろん、これはかくれんぼでは許されている行為であり、戦略である。(杉本二〇一一、一五―一六頁)

ところが、危険な場所、仲間から離れた独りぼっちの孤独、仲間との真剣な騙し合いの世界、そうしたものがないまぜになっている「かくれんぼ」を、いまの子どもたちは嫌い、怖れ、例えば、「隠れていても、見つかるように、物音をたてたり、歌を歌ったり、鬼に向かって手を振ったりして、自分の居場所を知らせ」たり、「かくれんぼ」では「ちくる」という裏切り行為であるはずの「捕まった子が、鬼に友だちが隠れているところを密告する」ことまでしてしまう。また、鬼役の子が、自分ひとりがいじめられているようで嫌だと泣き出してしまう場合さえあるという。鬼はたったひとりで集団に立ち向かってゆかねばならないため、そこに集団いじめの構図を見て恐怖するのだという(杉本二〇一一、三一―一七頁)。

子ども社会での「いじめ撲滅！」はすでにスローガン化して久しいが、その実効性に乏しい反面、いじめに対する予防的で防御的な構えだけは、子どもたちの心にしっかりと、また必要以上に根付いているわけである。つまり、大人側が推奨するお行儀の良いマナーにしたがえば、「かくれんぼ」という遊びはそもそもはじめから成立しようがないし、「かくれんぼ」を通して身体化することのできた「ひとり孤独に耐える」ことや、「『騙し―騙される』遊び」を根底部分で担保してくれる友だち同士の信頼の黙約（それは「かくれんぼ」特有のマナー性と考えることもできよう）を学習する機会を奪われてしまう。

さらにいえば、当の子どもたち自身が、お行儀の良いマナーを自ら実践することで、かくれんぼを遊ぶための深い関わりを築くことが困難になってきている。「かくれんぼ」を子どもたちのアイデンティティ確立に必要な「インキュベイション」(incubation：孵化)の契機としてとらえる中川香子は、斎藤次郎（教育評論家）を引用しながらこの点を指摘する。

かつて子どもは、直接、友だちの家へ行き、「家の前で四十五度ほど上を向き」、「わらべ歌の伝統を受け継いだ独特の抑揚」でもって、「〇〇ちゃん、遊ぼ！」と言いました。ところが、いまの子どもたちは、遊びの約束を電話などでとり結ぶときに、「遊べる？」と言うのだそうです。それぞれの「家庭の事情」をかかえた子どもたちは、「今日ぼくが遊びたいと思っても、あの子もそうだとはかぎらない」ことを知っているからなのです。たがいに傷つかないように、適当な距離をもって接してゆくというのが、現代の子どもたちのエチケットであり、自己防衛の手段であるのかも

しれません。(中川　一九九三年、九七－九八頁)

中川は、かくれんぼを遊ぶためには、仲間を集めたり、場所決めをしたりと、相当なエネルギーが必要であるため、適当な距離感で軽やかに生きてゆこうとする子どもたちの自己防衛的な構えとそぐわなくなってきていることを指摘している。そして、こうした防衛的な構えが生まれ始めた時期を、子どもの世界においていじめが社会問題化し始めた頃であると推測している(中川　一九九三、一〇〇－一〇三頁)。もちろん、「かくれんぼ」を子どもたちができなくなったのは、遊びの流行が変わってしまっただけなのかもしれないし、子どもたちの遊び空間が、「外遊び」から、ファミコンやテレビゲームなどの「内遊び」へとシフトチェンジした影響なのかもしれない。

ただ、ここで問題にしたいのは、以下の二点である。一つは、大人にとっていわば「社会的悪」とも思われるような体験や行為(例えば「嘘をつくこと」「騙すこと」「危険な場所にわざわざ隠れること」)が、子どもにとっては重要な成長のモーメントであり、子ども特有のマナー性やマナー感覚(子どもはそれを「マナー」としては意識しないだろうが)を育てるのではないだろうか、という点である。もう一つは、「子どものマナー」というまなざしが、大人好みのやさしく素直な子どもがとるべき、予防的で一方的な役割期待のカタログになっていないかという危惧である。

6 トムソン・ガゼルのマナー

現在私が暮らしている鹿児島では、子どもたちが遊びに加わるときの独特の符丁がある。「かたらせて～!!」である。初めて聞いたときには(私は他県出身者なので)、「語らせて」なのかと想像し、「義を言うな」(文句をいわずに年長者の言うことに従え)の薩摩の土地柄にしては、何と民主的な子ども社会であることか、といたく感激したのだが、どうもそれは私の単なる誤解に過ぎなかったようで、「かてて」(加えて)が鹿児島弁によって「かたらせて(あるいは〝かたして〟)」に変化したものらしい(博多弁では「かたらして」というようだ)。

「混ぜて～」「寄せて～」「入れて～」などなど、いろいろな符丁が土地ごとに存在しているようだが、子どもたちがこれらの言葉を投げかけるのは、遊びに興じている個々の子どもたちに対するあいさつを超えて、「遊びの輪」そのものへの言葉の投げかけであると思われる。今自分の目の前で回っている楽しい輪の中に一刻も早く「溶け込みたい」という思いが、こうした言葉となって発せられるのだろう。

前出の「かくれんぼ」は、カイヨワによって指摘された遊びの四要素である「アゴン」(競争)、「アレア」(運)、「ミミクリ」(模倣)、「イリンクス」(めまい)のすべての要素を備えているから(杉本　二〇一一、二八頁)、遊びの輪としては、きわめて魅力的な存在のはずなのだが、そもそも溶け合う「輪」そのもの成立が、今日難しくなってきているわけである。それは前述したように、「危険」というイメージ性の問題もあるが、それ以前に、遊びを担保する「平等性」「相互性」が、虚構の世界でうまく回っていかないことにも原因があると思われる。この原因の一つとして、先ほども少しだけ触れたが、教室を主舞台として行われてきた「いじめ」という残酷な遊びが、子どもたちの主要な経験知として存在していることがあげられるだろう。

中井久夫がいうように、いじめとは、相互性を欠いた一方的な権力関係である。「荷物を持ち合うにも、使い走りでさえも、相互性があればよく、なければいじめである」(中井　一九九七、四頁)。また、内藤朝雄は、いじめを「実効的に遂行された嗜虐的関与」であると定義する。いじめ被害者を玩具化して弄ぶことで、いじめ加害者は自らの権力欲や嗜虐性を実際に満足させるのである(内藤　二〇〇一、二七–二八頁)。そこには、非対称的な上下関係が厳然として存在し、固定化される。さらに加野芳正は、いじめを「透明な暴力」として意味づける。「なぐる」「蹴る」といった目に見えやすい暴力以上に、「仲間はずれ」や「シカト」といった不透明な負の関わりが子ども世界に広く侵食している(加野　二〇一一、二七–二八頁)。

そもそも、嫌な相手には適度な距離をおくことが対人関係上の知恵や技法ということになるのだろうが、クラスという特殊な集団構造においては、そこから逃れたり、距離を置くことが最初から禁じられてしまっている(「仲良くしましょう」がクラスの規範的な黄金律なのであるから)。そこにいじめの根深さがあるわけである。しかし、いじめの根本的な原因論はさて置くとしても、実際にいじめを受けている被害者を目撃したり、事件に関係した場合、いじめを取り巻く当事者のマナー性というものもまた問われてしかるべきであると思われる。小谷敏は、『子どもたちは変わったか』のなかで、若者たちのいじめ問題に触れて次のように断じている。

若者たちは、自分を弱いと思っている。いじめられている友人を救い出すような英雄的な行為はとても無理だと思っている。そこで彼らは生き残り(サバイバル)を第一とするトムソン・ガゼルと化すのです。自らを無力な存在と規定することで、傍観する者の罪責感は軽減されます。他方、いじめの被害にあう者は、いじめそのものと、友人から見捨てられ、かつ彼らから道徳的・能力的劣者のレッテル(「いじめられる方も(が)悪い」)を貼られるという二重の精神的苛まれるのです。(小谷　二〇〇八、一五四頁)

小谷は、精神科医の大平健の文章を引用しながら、いじめの傍観者と化した若者たちを、「ライオンに食われている仲間を遠巻きに見ているトムソン・ガゼルの集団」にたとえている。たしかにいじめの実証研究においても、いじめの現場に立ち会いながら、いじめをやめさせようとする勇気ある「仲裁者」の存在は皆無に近いことが報告されている。小谷は、こうした若者たちを生んだ責任は、若者たち同様に、いじめられている仲間を見殺しにし、保身を図る大人たちにあることも指摘している（小谷　二〇〇八、一五四―一六二頁）。小谷は、若者たちについて記しているが、これは子どもたちの世界でも事情は同じである。いじめを仲裁することで、今度は自分がいじめの標的として狙われ、いじめられて傷つくことを、子どもたちはその経験から熟知している。

第Ⅰ象限における子どもたちの「迷惑を掛けないためのマナー」は、「いじめ」という苦い試金石によって、「サバイバルのための歪んだマナー」＝「トムソン・ガゼルのマナー」へと堕してしまったといえるだろう。いじめられている友だちに対して、普段どおりに「おはよう」「今日は」「さようなら」のあいさつをするといった、最低限のマナーすらも実行できない（もしもそれをすれば、今度は自分が「ハブられて」しまうから）。弱くて心優しいだけの「ジェントルなマン」はいても、本当の意味での強さや勇気を兼ね備えた「ジェントルマン」は概ね消え失せていたのである。

ところが、図5―1の第Ⅰ象限に関する子どもたちのマナー知識自体に関しては、これはもう飛躍的に拡大しているのである。例えば、『なりたいな、おしゃれ・マナーの名人』の第七巻は、作家でエコロジストの立松和平による『自然へのマナー』講座である。このなかには、「ゴミ出しのマナー」「資源の節約マナー」「動物へのマナー」、そして「空気へのマナー」までであり、地球環境や地球の未来までを見据えた子どもたちのマナー行動項目が語られている。実際のところ、「ゴミ出しのマナー」についていえば、「資源ゴミ」がどれで、「燃えるゴミ」がどれかなどについての知識は、学校で教えられていることもあって、むしろ子どもたちの方が大人よりもずっと博学である。そして、地域や動物に迷惑をかけないどころか、地球に迷惑をかけないといった宇宙レベルのマナーにまで、子どもたちのマナー知識や認識の視界は大きく広がってきている。

それなのにどうして子どもたちは、一番身近で肝心な「友だちにあいさつする」「友だちを守る」という当たり前のマナーからは遠ざかってしまうのだろうか。子どもたちは、なぜ自分たちを無力なガゼルへと自己同一視してしまうのだろうか。

心理学者の多湖輝は、長崎県佐世保で起った小学生同級生殺人事件(二〇〇四年六月)を受ける形で、『一二歳からのマナー集』を執筆している。この本のなかで多湖は、「なぜ殺してはいけないのか」という、これまでの子ども向けマナー本がテーマに取り上げなかった実存的な問いに踏み込み、マナーの文脈からこれに回答している。

人の痛みがわかるというのは、とても大切なマナーです。

ではどうすれば人の痛みがわかるようになるのでしょう。自分のことを考えずに、相手のことだけを大切に考えればいいのでしょうか。これを実行するのは難しそうです。どうすればいいかというと、今よりもっと自分のことを大切に考えるようにすればいいのです。この世にたった一つしかないキミの命を大切にできるのはキミしかいません。だから、自分の命は大切。そして、もしもそう思えたら次にこう考えてみてください。「他の人もみんな、自分と同じように、この世にたった一つしかない自分の命を大切に考えているのだ」

こう考えれば、人の痛みも自分と同じに考えることができるのではないでしょうか。（多湖　二〇〇四、八五頁）

そして多湖は、マナーの基本をここから導き出す。それは、「自分がやられていやなことは、やってはいけない」という原則である。

自分がこんなことを言われたり、やらされたら、どう思うだろうか。ことあるごとにそう考えてみる。そういう習慣をつけることが大切です。そうすれば、やっていいこととやっていけないことが自然にわかってきます。自分がやられていやなことは、やってはいけないことなのです。それを知ることがマナーを覚えることなのです。（多湖　二〇〇四、二七頁）

自分の命を徹底して大切にすることで、人の痛みを知るに至る。一見すると確かに素晴らしい考えのように思われる。しかし、カゼルたちは、果たして人の痛みがわからなかったのだろうか。むしろ、その痛みが痛いほどわかるからこそ、自分の命を大切にするためのサバイバルを繰り広げていたのではなかったろうか。ここで述べられている「自分がやられていやなことは、やってはいけない」の考え方は、「迷惑」という概念を内包している。そして「迷惑」は、できるだけ「防止してゆく」「少なくしてゆく」という縮小イメージを伴っている。そして、さらにこの考え方は、「自分」あるいは「自分の主観」を発想の原点にしているため、「自分」にとって迷惑だと思える行為は、自分の考え次第で次々に増えてゆき、同時に、そうした「迷惑行為」を自分に禁ずる割合も高まってゆくことになる。

自分にとって嫌だ、迷惑だ、と思えることを、際限なく拡大解釈してゆくとどうなるだろうか。例えば、「自分はまだ若いし体力もある。だから他人に席を譲られるのが迷惑だ。だから、私も人に席を譲るなんてことはしない」、「私は人から分け与えてもらうのが嫌だ、だから私は人にも分け与えない」、「私は人から攻撃されるのが嫌だ、だから私は人を攻撃しない」、「私は人から批判されるのが嫌だ、だから私は人を批判しない」。このように、嫌なことの閾値は、その人の主観次第では、どんどんと低下してゆくことになるだろう。これではまるで「マナーの引きこもり」状態になってしまうし、勇気あるマナーを手放してしまうことにもなる。人は時として勇気をもって他人を批判し、攻撃する必要に迫られることもありうるからである。

これは、松下良平のいう「市場モラル」の考え方とも表裏の関係にあると思われる。松下によれば、市場モラルが目指すのは、各人の私的欲望を解放することによって引き起こされる混乱やもめごとを防止して、社会秩序を確保することである。そこでは、私的欲望に一定の歯止めを設けることを通じて、逆にその欲望追求を安全かつ安定的に行えるようにすることが目指される（松下　二〇一一、二五四－二五五頁）。つまり、各人の私的欲望追求そのものは、いわば聖域化させ、ブラックボックスとして「見て見ぬふり」をして担保してもらうかわりに、全体での利益を追求するための規範化やルール化には積極的に賛成ししたがうことになる。そして、この市場モラルを支えているのは、松下によれば、「自分の利益になるように人とかかわる」ことへの関心であり、社会から求められる人になるために、他人ともめごとを起こさないように自分自身を装うことだとされる（松下　二〇一一、二六八頁）。こうして、市場モラルのもとでは、例えば自ら火中の栗を拾うような行動に対しては自己防御する身構えが一般化することになる。いじめに苦しむ友人をたとえ見かけたとしても、傍観者として自己を無力に装うことがこのモラルのもとでは一番の得策なのである。

■おわりに――マナーのマナーへ

さて、マナーの鑑を発揮していた子どもたちの明るい「修学旅行」のエチケットに始まり、「躾」や「おしゃれ」、「粋」、そして子どもたちの遊びの問題から、「トムソン・ガゼルのマナー」、そして「マナーの引きこもり」へと、最後はきわめて不吉で陰鬱な方向を指し示しながら、私たちは、図5－1のマナー図式をくるりと一周しながらもとにもどってきた。本章で語られているのは、「マナーのなかの子どもたち」のいわば「エピソード版・カレードスコープ」でしかない。ここでは、「子どものマナー」の本質はまだ何も語られてはいない。否、「マナー自体」についてすらも、いまだ何も語られていないと言うべきであろう。本章は、それらを語るための「序章の序章」にすぎない。

ただ、図5-1のマナー領域に関してひとこと言っておくならば、今回のように平板なかたちで各領域を眺めてゆくのではなく、図の原点を中心にして、いわば軸を立体的に立ち上がらせるような形で、領域間を連関的・俯瞰的に眺めてゆくことが何よりも重要だと思われる。例えば、「トムソン・ガゼルのマナー」にしても、第I象限だけで論じていては限界がある。なぜなら、「迷惑をかけない」(他人ともめごとを起こさない)という点では、確かにトムソン・ガゼルも消極的には(後ろ向きには)その一面を満たしていたからである。

したがって、問題の核心は次の点にあるだろう。つまり、そうしたガゼルのマナーをとることが、果たして自分にとって、「恥ずかしいことなのではないか?」、「無粋なことではないのか?」という視点や言葉を加えてみること、さらには、「友人関係を利益の交換という面ばかりで構築しているのではないか?」「友人に何かを無償で差し出すという体験を果たしてこれまでしたことがあるのか?」といった問いかけを、他のマナー領域との連関性において全体的に投げ返し、互いに反響させながら事の本質に迫ることである。

さらにいえば、矢野のいう「マナー問題」がある。それは、「生き方と人間形成に関わっていた全体的社会事実としての礼儀作法が、外発的な西洋化（西洋式マナーの導入）と近代化（学校と軍隊による国民の作法の訓練）によって、マナーという単一の機能へと縮減してしまい、そのことによって人間関係や自然・宇宙との十全な関係を失うことによって生じた気分、『空虚の感』『不満と不安の念』のこと」である。（矢野　二〇〇八、二五一頁）。

図5-1のマナー類型は、そもそも「シンボルによって意図的に操作する」というマナーの機能的な側面に焦点化して限定的に構築したものであった。そこには、矢野の言う「空虚の感」に相当する、嘘と真実（誠）とに引き裂かれる虚偽意識といったものが生じやすい。「マナーを演じる自分を冷ややかな目で見ているもう一人の自分」のイメージである。この空虚感から脱却するためには、「人間関係を円滑にするための贈与交換の身体技法」（矢野　二〇〇八、二五八頁）をいったん留保し、「有用性に基づく交換の環から離脱する」（同、二五六頁）方向性が探られる必要がある。この意味においても、「マナーのマナー」があらためて問われねばなるまい。

最後に、ひとりの少女アナの話でこの拙稿を終わることにしたいと思う。ビクトル・エリセ監督の『ミツバチのささやき』（一九七三年）は、内戦終了直後の北スペインを舞台に、ある四人家族と、その次女で主人公の幼いアナの日常を描いた作品である。この映画で強くわれわれの印象に残るのは、何よりもまずアナの瞳そのものである。森田伸子は、それを次のように表現する。

「見る」こと。これがアナのたった一つの天職であるかのようだ。アナの瞳はいつも大きく見開かれている。幼児特有のまばたきの少ない、ためらいのないまっすぐなまなざし。まるで魂そのものがむきだしになったようなまなざしだ。魂と事物そのものが、何のイメージの媒介もなしに裸で向きあう。幼いアナのまなざしは、「見る」ということのそうした絶対的な意味を私たちに思いださせる。（森田　一九九三、二三〇–二三二頁）

「王様は裸だ！」と叫ぶことのできる子どものまなざしは、絶対的なイノセントに貫かれている。アナのまなざしもまた同様に、「王様」というイメージを見るのではなく、事物そのものを見るのである。だが、さらに私たちの印象に強く刻まれるのは、アナとひとりの見知らぬ青年との出会いである（青年は、おそらく逃

「ミツバチのささやき」

亡兵だと思われるが、映画は決して何も余分な説明はしない)。アナは、ある日、広大な畑のなかにぽつんと立つ小屋の中で彼に出会う。アナは、直感的にこの青年の抱えている「傷み」を見てとる。空腹と足の傷の痛み、そして寒さ。アナは、そこで、自分のカバンから一個の林檎を取り出し、青年に差し出す。拳銃さえ携えている得体の知れぬ男に、である。さらにアナは、父親の服をも持ってきて暖をとらせてやり、最後に彼のほどけた靴紐を結わえてやる。

森田は、これを次のように述べる。

　この出会いは、幼いアナのずっしりと重い意志によって支えられている。アナが青年にさしだす小さな林檎の、その赤さ、その重さが、小さな男の子とも女の子ともつかないアナの幼さ、ひたむきさ、懸命さそのもののように見える。(森田、同書、一三六頁)

まだマナーすら知らない幼い少女アナ。だが、アナは、何よりも「傷み」そのものを直視することができる。そして、彼女は躊躇なく、傷みの主へと手を差し伸べる。そこには、「自分を差し出す」という意味でのホスピタリティが現前化している。「マナー知らずの子どもがマナーの本質に一番近いところにいる」というパラドクスがそこにある。

《注》

(注1)村岡花子が『小学生のエチケット』(一九五一年)のなかであげている「フィンガーボウル」の例は、以下のとおりである。

ある西洋の国—たしかイギリスのようにおぼえていますが—で、アジアからのお使いを迎えて、大臣がその大使のためにかんげい会をひらきました。食事のあとで、くだものが出る前に、指をあらう小さな器がはこばれました。もちろん、きれいな水がはいっていました。大使はさっさとその銀のうつわの水をのみました。ほかの客たちの中には、クスリとひくいわらいをもらしたものさえありました。(幸いにも、そのわらいごえは聞こえませんでしたが)

主人役の大臣は顔色ひとつ変えず、すぐに自分もその水をのみました。なみいるお客たちは、いっせいに器をとりあげて水をのみました。それで習慣のまるでちがう国から、はるばる旅してきたこの大使に、はずかしい思いをさせずにすんだという話がありますが、エチケットは、つまりはきそくよりも心の中にあるということが、思われるではありませんか。(村岡、六–七頁)

(注2)わが国の場合、時代によって「エチケット」と「マナー」にはそのインプリケーションに差異がみられるが、ここでは、一応同じものとして扱う。

(注3)河北秀也のマナーポスターのなかでも、「帰らざる傘」と「独占者」はとくに有名である(**写真参照**)。

(注4)ACジャパンによる二〇一〇年度作品。高校生役の俳優は、大和田健介。俳優・大和田伸也氏の次男である。

(注5)ここでの「メディア」とは、今井康雄(二〇〇四年)のいう「中間にあって作用するもの」という広い意味でのメディア概念にならっている。

(注6)武田鉄矢は、『おつきあいのマナー』(一九九九年)の巻末に、自分の母親からいわれた「人を指さして笑わ

ないこと」というマナーについて語っている。それによれば、人を笑って指をさしたときには、その指の形が、二本（親指と人差し指）は相手を指して笑っているが、残りの三本は、自分を指して笑っているというのである。これも生活の知恵の一つであろう。

（注7）例えば、『少女世界』（富国出版社）の一九四九年九月号では、「あなたを美しく見せるテーブルマナー」を特集している（一一―一四頁）。また、『ひまわり』（ひまわり社）の一九五二年三月号は、「知っておきたいテーブル・マナー」を組んでいる（七八―七九頁）。『ひまわり』の姉妹誌にあたる『ソレイユ』（ひまわり社：号によっては、『それいゆ』などの誌名表記の場合もある）でも、一九四六年一二月号で、早くも「テーブル・エチケット」の特集がみられる（八一頁）。

（注8）ひとりの女子学生（鹿児島国際大学二年生［回答時の学年］：岸薗愛さん）の回答を掲げてみよう。

「私が小学生の頃、母はお箸の持ち方に関して、とても厳しかったことを覚えている。そのおか

「帰らざる傘」

「独占者」

げで、三人姉妹だがみんなお箸の持ち方だけはとてもきれいである。母がお箸の持ち方だけとても厳しかったのは、とくに女の子はお箸の持ち方が変だと、人としても変に見られてしまうからだと言っていた。少し成長した今、世の中の人のお箸の持ち方を見ると、母の言っていたことがわかる気がする。その他には、「いただきます」「ごちそうさま」をしっかり言う、人の話は相手の目をしっかり見て聞く、あぐらをかかない、などの躾があった。小学生くらいの頃に自分がどれだけ守っていたかはあまり覚えていないが、この歳になってやっと、たまにあの時あの躾を守っていてよかったと思うことがある。子どもがしっかりとした大人になるためには、親の子どもに対する躾が大事だと感じる。」

《引用・参考文献、ビデオ・リスト》

・秋山安三郎、一九五三年『東京えちけっと』創元新書
・今井康雄、二〇〇四年『メディアの教育学―「教育」の再定義のために』東京大学出版会
・柿本勇、一九七六年『ミニレディー百科 エチケット入門』〔小学館入門百科シリーズ45〕小学館
・加野芳正、二〇一一年『なぜ、人は平気で「いじめ」をするのか？―透明な暴力と向き合うために』日本図書センター
・河北秀也、一九八九年『河北秀也のデザイン原論』新曜社
・亀山佳明、一九九〇年『子どもの嘘と秘密』筑摩書房
・楠元恭治、二〇〇九年『新版　デザイン本質論』(株)文化科学高等研究院出版局
・郷裕隆・はるな澄子、一九八二年『おしゃれ・エチケット入門』〔入門チャンピオンコース⑰〕学習研究社
・小谷敏、二〇〇八年『子どもたちは変わったか』世界思想社

・酒井順子、二〇〇七年『黒いマナー』文藝春秋
・柴田徳衞、一九六一年『日本の清掃問題―ゴミと便所の経済学』東京大学出版会
・白幡洋三郎、一九九六年『旅行ノススメ―昭和が生んだ庶民の「新文化」』中公新書
・杉本厚夫、二〇一一年『「かくれんぼ」ができない子どもたち』ミネルヴァ書房
・太宰治、一九四七年『晩年』新潮文庫
・ちばてつや、一九七四～八〇年『おれは鉄兵』全三一巻（KCコミックス）講談社（あるいは「マンガ大目録」http://www.daimokuroku.com/?titleid=571）
・東京オリンピック準備局編、一九六一年『東京都オリンピック時報』〔第二巻第二号〕、東京オリンピック準備局
・東京私立小学校生活研究会、一九六〇年『子どものエチケット』（五年生）ポプラ社
・多湖輝、二〇〇四年『一二歳からのマナー集』新講社
・高見恭子監修、一九九九年、一九九九年『おしゃれなファッション』（「なりたいな、おしゃれ・マナーの名人」一）岩崎書店
・武田鉄矢監修、一九九九年『おつきあいのマナー』（「なりたいな、おしゃれ・マナーの名人」五）岩崎書店
・辰巳渚、二〇〇七年『マナー・エチケットの基本六〇―教えて！マナーレンジャー』ＰＨＰ研究所
・立松和平監修、一九九九年『自然へのマナー』（「なりたいな、おしゃれ・マナーの名人」七）岩崎書店
・帝都高速度交通営団、一九八三年『マナーポスター一〇〇―世相一〇年』帝都高速度交通営団
・内藤朝雄、二〇〇一年『いじめの社会理論―その生態学的秩序の生成と解体』柏書房
・中井久夫、一九九七年『アリアドネからの糸』みすず書房
・中川香子『かくれんぼう―内なる世界を育てる』人文書院

・中島義道『私の嫌いな一〇の言葉』新潮文庫、二〇〇三年
・西本佳代ほか「大学生のマナーに関する実証的研究(上)」『香川大学教育学部研究報告』第I部第一三五号、二〇一一年
・日高孝次・日高艶子『エチケット―淑女の資格・紳士の条件』光文社、一九五八年
・広田照幸『日本人のしつけは衰退したか―「教育する家族」のゆくえ』講談社、一九九九年
・松下良平『道徳教育はホントに道徳的か?―「生きづらさ」の背景を探る』日本図書センター、二〇一一年
・峯村良子『子どものマナー図鑑3―でかけるときのマナー』偕成社、二〇〇〇年
・村岡花子『小学生のエチケット』(小学生学習文庫(1))あかね書房、一九五一年
・森真一『ほんとはこわい「やさしさ社会」』ちくまプリマー新書、二〇〇八年
・森田伸子『テクストの子ども』世織書房、一九九三年
・矢野智司『贈与と交換の教育学―漱石、賢治と純粋贈与のレッスン』東京大学出版会、二〇〇八年
・山田洋次原作・監督『男はつらいよ・第四二作―ぼくの伯父さん』松竹ホームビデオ、一九八九年
・Erice, Victor 監督 EL ESPIRITU DE LA COLMENA(邦題『ミツバチのささやき』)THE SONY HOMEVIDEO LIBRARY、一九七三年
・「ALWAYS三丁目の夕日」製作委員会『ALWAYS三丁目の夕日(映画パンフレット)』東宝(株)出版・商品事業室、二〇〇五年

第六章

マナーを通して学校に公共空間を拓く

――商品交換的な「交換様式」の支配を超えて

越智　康詞（信州大学）

「弱者」たちは救済を求めて呪いの言葉を吐き、「被害者」たちは償いを求めて呪いの言葉を吐き、「正義の人」たちは公正な社会の実現を求めて呪いの言葉を吐く。けれども、彼らはそれらの言葉が他者のみならず、おのれ自身へ向かう呪いとしても機能していることにあまりに無自覚のように思われます。（内田　二〇一一、一一頁）

1　はじめに―なぜ今、マナー・作法・仕草か。なぜ学校なのか

リーマン・ショック以降、グローバル化した剥き出しの市場経済のリスクや格差問題の深刻さにつ

いての認識は広まり、さまざまな対策が取られるようになった。

しかし、市場経済の拡大は、単に財の生産・配分機能をこの形式が支配するという問題を超えて商品交換的な「交換様式」がこの社会に深く根をおろし、その秩序を規定し始めたということでもある。マナーについて触れる前に問うておきたいと思うのは、こうした交換様式の浸透が、私たちの生や生活や人間関係のあり方に、どのような影響を及ぼしているのか、という点である。自殺、引きこもり、鬱病などの増加が騒がれ、またこの社会における「生きづらさ」が話題になって久しいが、自由競争、自己責任をキーワードに、ヒト・組織・社会を絶え間のない「改革」へとさらす市場的手法が、これらの問題と関係がないとはとうてい言えないだろう。

とはいえ、労働者を過酷な労働へと駆り立て、消費者（生活弱者）を愚弄する資本制システムの姿ばかりをここでイメージしているのではない。自由でオープンな競争を通して、消費者やユーザーにやさしいサーヴィス社会がもたらされつつある現状についても、社会学的視点から批判的に吟味しておく必要がある。もちろん筆者は、行政、病院、学校をユーザー本位のサーヴィス競争にさらす仕組みが、上から目線で国民、患者、子どもに我慢と服従を強要してきた権威主義的体制にゆさぶりをかけ、これを当事者主権の体制へと一歩前進させるうえで重要な貢献をしてきたことの意義を否定するものではない。

しかしながら、こうした消費者社会的な交換関係が常態化し、深くこの社会に定着していくとき、この社会は全体として本当に望ましい方向に向かいつつあるのか、という点に関して疑問が残る。近年、教育の領域でも学校に無理難題を要求するいわゆる「モンスター・ペアレント」がメディアで採り上げられ話題になったが、今日の「消費者＝お客様」は、自己への対応が丁重なものであるか否かに敏感になり、ときには暴力的ともいえるほどに「やかましく」なっているといった指摘もある（森二〇一〇）。もっともこれが、文字通りの意味での商品交換関係の中での傾向に過ぎないのであれば、取り立てて問題にする必要がないのかもしれない。しかし、〈聖なる自己〉への丁重な扱いを異様なまでに激しく要求する傾向は、私たちの日常生活の内部にも深く浸透し、この社会におけるヒトとヒトの関わりを息苦しいものにしているように思われる（注1）。この点に関連して、現代社会における過剰なまでに「やさしさ」がきびしく求められる現状に対する森の指摘は、まさに本章の問いを代弁するものであるといってよい。

現代社会では、やさしさが人間関係のルールになっています。それはとてもきびしいルールです。その結果、やさしさとは逆の「こわい」現象が起きています。どうしてこのような皮肉なことになっているのでしょう。（森　二〇〇八、一一頁）

さて、本章はマナー・作法・仕草（の習慣・空間）を広げていくこと、とりわけ〈教育の場において／

教育の場から〉広げていくことを提案しようとするものである。それにしてもマナーとは何か、なぜマナーなのか。上のような現代社会の状況とマナーと、一体どのような関係があるというのか。

とはいえ本章は、マナーの本質について、その内側から、哲学的・分析的に探究する場ではない。それとは反対に本章では、柄谷の『世界史の構造』の四つの交換様式の図式・分析枠組みに依拠しながら、今・なぜマナーなのかを、歴史の大きな流れ(全体的布置関連)の中で、図式的＝構造的に把握することを狙いとしている。要するに私たちは、柄谷の交換関係の分類・図式を道具箱として利用しながら、現代日本社会の困難を読み解き、この社会を住みやすい場所にしていく上でのマナーの可能性について考えてみようとしているのだ。

ただし、私たちの議論の射程は、柄谷のように資本制をストップさせ世界共和国を創出することにまで及んでいるわけではない。本章の目的は、自由な実践であり、心遣い(関係への配慮)であり、(できるだけ)返礼義務を生まない(ように配慮された)贈与であるところのマナー・作法・仕草(思草)を育てていくこと、そうすることで互いの自由を尊重しあう公共空間を創設すること、そしてさらに欲をいえば、市場によって一元化され、砂漠化しつつある現代社会の傾向になんとか抵抗する拠点を見いだすことである。柄谷の壮大な射程からすれば、小さなコップの中での「悪あがき」に過ぎないともいえるが、私たちはそこに重要な一歩があると信じるものである。

2 理論枠組み

（一）交換様式の四類型

柄谷（二〇一〇）は社会を構成する交換様式として、「交換様式Ａ：互酬性」、「交換様式Ｂ：略奪と再分配」、「交換様式Ｃ：商品交換」、「交換様式Ｄ：Ｘ（互酬性の高次元での回復）」の四つを見いだし、人類の歴史（世界史）を構造的に把握した。このような交換様式の組み合わせ並びに構造変容に着目することで、現代社会がどこに位置し、どのような方向に向かっているのか、そして、どのような展望があるかについて鳥瞰的な視座を得ることが可能となる。

以下それぞれの交換様式について、本章と関わりの深い部分を中心に解説しておきたい（注２）。

「交換様式Ａ：互酬性」は贈与と返礼（負債）からなる「共同体」的な交換原理である。この交換様式は交換への参与者を人格的・精神的に関係づけつつ拘束するものであり、交換されるモノや情報をそれ自体の価値以上に、交換するという行為や事実のもたらす象徴的価値に意味があるような交換である。この交換様式が一元的に支配する社会では、自然との関係も呪術化され、世界を対象化し操作する人間の自由も著しく制限されるだろう。

「交換様式Ｂ：略奪と再分配（保護）」は、物理的・暴力的な「力」を背景に支配者が被支配者から富を略奪する一方、被支配者を他の「力」から保護したり、略奪した富を再分配することを通して支配の安定を得るような交換である。この交換様式にとって決定的なのは「暴力の独占（国家の誕生）」という契機である。「暴力の独占」により成立した「国家」は、力の圧倒的な非対称性を伴うもので潜在的に被支配者にとって凶暴だが、その凶暴性は、社会の民主化や社会技術・権力技術の転換を通して、次第に抑えられ（隠蔽され）ていくだろう。この交換様式が派生的に生み出す官僚制装置は紛争の解決や政治的意志を貫徹する便利な道具であり、民主化された国家においてはその恣意性・暴力性が民意という名において隠されているため、逆にこの交換様式・装置に頼りすぎる危険が生まれつつあるといえる（春日ほか　二〇一二）。

「交換様式C：商品交換」は共同体と共同体のあいだに生じた交換であり、この交換においてはモノとモノの関係（欲望）がヒトとヒトの関係を主導する。こうした交換の形式（物流）は、人間・情報・文化の交流範囲を飛躍的に拡大すると同時に、人間を交換主体（自己の主権者・財の所有者）へと生成変化させ、その生存条件と融合した共同体的拘束から解放・切断した。自然法（自己保存の権利・自由権）とは、まさにその成果・帰結にほかならない。さらにこの交換様式は、土地や労働力の商品化を契機に、自己創出的なシステム（資本制）へと発展していくが、このシステムは自給自足の生活基盤や共同体的な相互扶助関係を徐々に破壊し、人間を商品交換に依存せずに生きられない状態に置くことになる。資本制の性質を理解するうえでの鍵は、「貨幣」と「貨幣以外の商品」のあいだの非対称性にある。この非対称性は、貨幣への欲望、さらには資本蓄積への自己拡張運動をもたらし、さらには資本家と労働者のあいだに見られるような、手段的で非対称的な人間関係を生み出すことになる。

最後に柄谷は「共同体」のようにヒトを人格的関係に埋没させその自由を奪うものでも、「市場」や「国家」のように人格性の基盤(ヒトとヒトの関係の対等性・相互性)を損なうものでもない第四の「交換様式D：X」についても言及している。この交換様式は互酬性の高次元での回復であり、「互いに他を目的として扱う」自由な関係としてのアソシエーションを生み出す。

以上、本章は「交換様式X」の実現・拡張を求めるものであり、マナーをこうした自由の互酬性を支えるメディア・秩序形式として位置づけようとするものである。ただし、本章では他の交換様式や秩序形式を「悪」とし、その排除を求めているわけではない。どの交換様式も、複雑な社会を支えるうえで、それぞれに重要な役割を担っている。

逆に「交換様式X」を求めようとすることは非現実的な理想にみえるかもしれない。しかし筆者の考えでは、「交換様式X」は、人間にとってもっとも基底的であり、どこにでも存在するありふれたものである(注3)。そもそも私が〈私〉であること自体が、他者を経由して、とりわけ他者に責めを負うことを通して打ち立てられたものなのだから(レヴィナス　一九七四＝一九九九)。他方、「交換様式X」は、物理的にも精神的にも「見返り」を求めるものではないため、交換として成立していること自体が見えにくく、脆弱で傷つきやすい。だから私たちは、他の交換様式や秩序形式にすぐ逃げ込むことになる。

重要なことは、この交換様式の成立をありそうなものとする条件について考察することだ。歴史的に「交換様式X」は、他の交換様式の巧妙なバランスの内に垣間見られたといえる。多様な交換様式が相互に緊張状態にあり、特定のそれに縛られないこと(そこに逃げ場があること)は自由の互酬性がそこで可能になる条件として重要なポイントである。さらにこの交換を活性化し、その接続・持続を支えるには(交換を)演出・媒介する工夫・メディアが不可欠だ。本章では、自由の互酬的関係がそこで可能になる公共空間、そうしたコミュニケーションを支える媒体としてのマナーに着目し、その可能性について考察する。

(二)交換様式の観点からみた社会編成の現在

柄谷(二〇一〇)の意義はたんに世界史の中から四つの交換様式を理念的に抽出したことにあるのではなく、交換様式という物質的土台のダイナミズムに着目することで、世界史を構造的・概念的に把握した点にある。以下、交換様式の観点から見た社会編成の現在について、「なぜ今、マナーなのか」という本章のテーマに関わる部分を中心に簡単にスケッチしておく。

「商品交換」のネットワークは近・現代社会において、資本の自己増殖運動に牽引され拡張的傾向を内在した「資本制」システムとして成立している。その力は絶大で、近・現代社会は、グローバルに展開する「資本制」システムが他の交換様式(略奪と再分配を一元的に集約した「国家」や互酬制の結晶体である

「共同体」)をその内部に組み込むことで成立した「世界経済」の段階にある(柄谷　二〇一〇)。

大枠は以上だが、本章ではとりわけ、戦後の復興から豊かな社会の実現に至る高度成長期(フェーズA)と、高度成長の終焉以降の時期(フェーズB)の差異に注目する。フェーズAにおける「資本制」システムは、人間を自然(絶対的貧困・危険)や「共同体」的拘束から解放しつつ、「国家」の民主化を推進する働きを担ってきた。「国家」を帝国主義戦争に巻き込む凶暴な側面も、ケインズ主義的な経済政策や国家的一体感(ネーション)と接合した〈資本＝ネーション＝国家〉の三位一体化した体制(福祉国家)のもと影を潜め、その繁栄と安定を享受した。「共同体」は解体し、社会の私事化も進行したが、企業、学校、労働組合などの組織体が新たな所属の場(中間集団)として機能し、ヒトとヒトの人格的・互酬的な交換関係もそれなりに保たれてきた。

ところが高度成長が終わり、情報＝消費社会が到来し、さらには経済のグローバル化が進展していく中、この三位一体の体制は揺らぎ始めた(フェーズB)。「資本制」システムは人間の基本ニーズや国境など諸々の物理的・人為的制約を超えて、自由自在に展開するものとなり、それまで他の交換様式が支配してきた領域にまで深く浸透し始めたのだ。もちろん、「国家」や「共同体」それ自体が消滅するわけではない。しかし、公営組織の民営化、市場の活性化を最優先した法整備(規制緩和など)、行政の疑似市場化(行政サーヴィス)、さらには人格的関係の商品化(感情労働)、さまざまな中間集団(日本的経営等)へのバッシング等の一連の動向は、「資本制」システムとして自己拡張的に展開する、「商品交換」としての交換様式の優越をまさに物語るものであるといえる。

3 商品交換の拡大が生活世界にもたらすインパクト

では、「商品交換」としての交換様式が著しく拡大しつつある現在、私たちの「生」や「社会関係」は一体どのような影響を受けることになるのか。

まずはっきりしているのは、「商品交換」という交換様式は「所有／非所有」コードのもと、私たちの住む世界に、何を、誰が、どこまで支配(所有)するのかについての明確な「線引き」を持ち込むことである。こうして人間は個人・主体、すなわち自分で自分自身(身体・労働力・物)を保存する権利を持つ存在として立ち現れ、共同体的関係に埋め込まれた状態から解放される(自然権)。ただし、このような個人の自由・所有の神聖化という条件は自由と自由の相克状況を生み出すものであり、こうした社会では他者の自由を侵害しないことが厳しいルールとして求められることになる。

松下(二〇一二)はこうして商品交換関係から立ち上がってくる道徳を、市場モラルとして概念化し、市場モラルが持つ形式的特徴について次のように描写している。

市場モラルは相反する二つの顔をもっています。一つは、自己保存のための自然権を承認する側面です。ここでは私的欲望が積極的に肯定されます。もう一つは、理性的な社会契約にもとづいて設定された法(自然法)に従うよう命じる側面です。ここでは私的欲望に従うことが否定されます。こうして市場モラルは、さまざまな対立の図式を生みだすようになります。欲望(自然・自由)vs.理性(規則・法)、権利vs.義務、私vs.公、利己主義vs.利他主義に代表されるような「あれか—これか」の考え方です。(二五五頁)

さて、繰り返しになるが、現代は「商品交換＝資本制」の影響力が異様なまでに強まった時代である。これまでは、残存する共有地・共有財産(曖昧領域)、伝統やタブー、国家による規制等が、他の交換様式を残すことで市場モラルの全面的浸透を防いできた。しかし、共同体的な互酬性や福祉国家的な保護など他の生存手段が衰退・縮小するなかで、私たちは市場に全面依存し、その秩序原理・競争関係の世界へと否応なく組み込まれるようになっている。

こうした「商品交換」関係の著しい拡張は、自己に関わりの深い領域(身体、プライバシー)を私的な所有領域として不可侵にし、そこから他者を排除することで、人間関係のあり方をラディカルに変容しつつある。〈誰のものでもない・みんなのものである〉ところの共有地、〈お互い様・お陰様〉といったグレーゾーンは極小化され、自己の所有物・領域を確保しなければ、この社会で自分の居場所を確保することすらできなくなる。そして、競争が過激で全面的なものになるほど、人間の幸福は「所有」

の量によって測られるようになり、正義は権利・要求の公正な分配と等値され、他者との関係(規範)も「勝/敗」、「損/得」の観点から観察される傾向が強まる。こうした市場モラルの形式は、わかりやすさ・論理性を求める理性の傾向とも一致し、とりわけ共同体的・情緒的な交換様式を古くいい加減なものとして駆逐していく。

みんなが同じレベルと量の仕事をしているという建前にはなっているが、よく見ればそんなことはない。……そんなことはあたり前である。「あの人はいつもこうなんだよ」などと悪口を言ったりしながらみんなで足りない人を補ってきた。ところが、……共同体的な気風が崩れて「個」と「個」が「等価交換」的に対峙しはじめた。「みんなが平等に仕事をしていない」という非難の声が挙がりだす。これも八〇年代である。(諏訪　二〇〇五、九四頁)

今日の資本制のもう一つの特徴は、生産力が高度化し、モノを「作る」より「売る」ほうが困難な消費者社会の段階に達している点である。これに、情報化やグローバル化の波も襲ってきている。こうした条件の中では消費者の地位・権力が著しく高まる(松原　二〇〇〇)。ここに消費者による商品経済システムへの抵抗(消費者運動・ボイコット)の可能性を見ることもできるが、市場はより巧妙である。すなわち、今日の資本制は、消費者の自尊心やナルシシズムに刺激を与えること自体を商品の内容とし、お客様の苦情を通して商品を開発するのをよしとする経営哲学の広がりを伴いつつ、消費者の尽きることなき要求をも自己の成長動力として組み込むものとなっている。そして、こうした傾向が広がることで、今や消費者＝購買者は丁重に扱われるべき神聖な存在であるとする自然な感覚（市場モラル）が定着するようになっている（注4）。しかも現在、こうした消費者社会的市場モラルはすでに経済システムを超えて、政治や行政と有権者（納税者）のあり方を制御する規範ともなっている。かくしてあらゆる生産者・責任者（労働者・公務員・教師）は、その姿勢・態度・感情に至るまで、お客様に従属すべき存在となっている（感情労働）。

だが、それればかりではない。他者危害原則の消費社会版ともいえる他者の「ココロ／気分／プライバシー」への配慮を求める規範感覚は、この社会の日常世界をも支配する中心原理として君臨するまでになっている。他人の気分や感情をそのまま受容しその内面には干渉しない「やさしさ」が厳しく求められ、「世話焼き・お節介」や「やさしいきびしさ」の伝統は、次第に駆逐される（森　二〇〇八）。

また、こうした「やさしさ」規範が蔓延する中、私たちは他者と本気でぶつかり、対決・対峙する機会そのものを失いつつある。お説教はいうまでもなく、他人に注意・お願いすることすら困難になり、トラブルが発生しても関係を調整する手段はもはやない。「友だち地獄」という言葉がある。ひとたび関係がこじれると、その修復はとてつもなく困難だ。だから子どもたちは、やさしい関係を損なわないよう、日々気を遣い、気疲れし、ストレスを蓄え続けている（土井　二〇〇八）。しかもこの社会では、やさしい社会のおもて面で育ち「我が物顔で振る舞う者」と、やさしさ社会の裏側にある怖さ〈空気〉を敏感に感じとり「過剰に自己抑制する人間」とのあいだに格差が広がり、不満はくすぶるばかりである。

では、以上の不満やストレスは一体どこへ行くのか。一つは市場の生み出した私的領域と公的領域の二分法の中で問題を処理する方法がある。私たちは他人の面前（公的領域）で紳士的に振る舞う一方、第三者の干渉の困難な私的な関係の内部で他者に復習したり弱者を奴隷化しようとする（虐待。仲間集団内部でのいじめ・仕返し。あるいは、匿名の裏サイト共同体での祭り）。だが、それ以上に簡単で「やさしい自分」の自画像を傷つけない方法がある。権力（交換様式B）に問題解決を委託する方法がそれである。やさしさ社会の日々の平和を脅かす「他者」を徹底的に取り締まり、排除すること。これを行政・権力に強く要求するのである（春日ほか　二〇一一）。安心・安全を守る権力はいくら肥大化してもかまわない。ここにもまた、やさしさ社会（呪いの時代）のこわさがある。

4　自由の互酬性と公共空間、そしてマナー

ヒトは、他者との関わりの中で、〈私〉として構成される存在である。〈私〉の存在よりも先に他者への〈責〉を負う倫理的関係が先行しているのである。他者とのあいだに自由で相互的な関係を結ぶのは

人間存在のまさに始原的な出来事であり、ある意味でありふれたものである。しかし、このような関係は、それ自体として安定した秩序原理（交換原理）をもっておらず、他の交換原理に容易に取って代わられる。とりわけ等価交換や損得計算が、人間関係の解釈コードとして君臨している社会的文脈の中で、無邪気で無防備な自己を他者の面前にさらし出すことはきわめて困難である。

しかし、こうした不安定で傷つきやすい「交換様式X」も、生存・生活の必要や全人格的な関与から距離を置いた、コミュニケーション的につながること自体を目的とした空間において、比較的現実化しやすいのではないか。私たちが注目するのは、豊かさを背景に成立したギリシャのポリス、商品交換の広がりとともに、国家権力と宗教権力の対立構造のあいだに拓かれた都市国家、あるいは近代初期に政治的議論が花開いたカフェやコーヒーハウスといった公共圏である。しかし、こうしたコミュニケーション的関係を志向し、現実世界から「無縁化」された空間は日本の文化的世界でもよく見られるものである。

私は、この松岡の『宴の身体』と、ハーバーマスの『公共性の構造転換』を、同じレベルであえて考えてきた。前者は、13世紀の日本であり、後者は18世紀のイギリスである。……ここには、自分の存在を「無縁化」（デラシネ化）することによって、私人が「公共性」と「政治性」を獲得する過程が、ひとしく描かれていることに気がつくだろう。……「無縁化」といっても、けっして「無個性」ということではない。連歌の集団の歌の流れに和していながら、同時に、その流れに埋没することなく、機知に富んでいなければ、「連歌」は成立しない。そこには、歌の対話があり、機知による個性の主張がある(土屋　二〇〇二、一六頁)。

このように利害関係や身分格差の支配する現実世界から自らを「無縁化」し、互いに他者を自由な人格として尊重しつつ展開するコミュニケーション空間を、ここでは公共空間と呼ぼう。この空間は、そこに参加する人間が、「自分の属する世界(規範や価値)」、「自分の立場(身分や利害)」を無縁化(括弧入れ)し、「自由な個人」として互いに尊重し合いながら、テーマや事柄(共通課題の解決など)をめぐって了解志向のコミュニケーションを展開することを通して開かれてくるのである(注5)。

さて、私たちがマナーや作法に注目するのは、ヒトとヒトが互いに自由かつ対等な人格として出会い、交流すること自体を目的とする公共空間を、マナーや作法が創出する力を持つと考えるからである。自他のあいだの身分関係や他者を搾取・手段化する関係を取り去り、人格と人格がふれあう空間を創出しながら、自由で闊達な交流を促す小道具・パフォーマンスがマナーであり作法なのだ。

したがって、マナーを〈規範・負債〉、〈規則・管理〉、〈契約・計算〉のようなヒトとヒトの関係を外在的に制御する何かに対立させるだけでは十分ではない。マナーという形式の持つ比類なき特徴は、自らの持つ〈生き方の美学・実践的なよさの感覚〉に依拠しつつ、他者や他者との関係に配慮しながら、他者との交流を楽しむ重層的な・遊びの構造(距離)を、それが保持する点にある。私たちは直接的な感情のぶつかりに人間的な交流を見いだしがちだが、そうした見方は必ずしも正しくない。自己の生き方・美的次元に敢えて依拠したマナーとは、「自己への執着」、「承認をめぐる闘争」、「感情的反射(売り言葉に買い言葉)」など、自由な出会いを邪魔立てする「剥き出しの・動物的反応」を一時停止し、そこに一つの演劇空間を創出する技法でありアートなのである。もちろん、これはひとりでできるアートではない。空間の創出はあうんの呼吸における協働作業であり、だからこそ「有り難い」のである。

5 学校とマナー

(一)公共空間としての学校

それにしても、機能分化を特徴とする近代化された社会において、いかにして分化に抗するともいえる公共空間・無縁化された空間を確保することができるのか。この逆説を注視することで、私たちが学校に注目する理由の一つが明らかになる(注6)。それというのも〈学校・教育システム〉とは、機能分化を特徴とする現代社会の中で、子どもが性急な判断や生存の逼迫に巻き込まれることなく、将来に備え人格的に成長するために贈与された〈時間〉であり、また人格的な交流を思う存分展開するために拓かれた〈空間〉にほかならないからだ。

実際、学校はいろいろな意味で、公共空間としての性質・可能性を備えている。「子ども」は「大人になる準備の期間」とされ、刑法処罰など責任のシステムや、身体・労働をも商品として組み込むような商品交換システムから保護されている。また、学校は生存・生活の必要や現実的な利害対立から一定程度「切り離され」た「閑暇の場」であり、病気で休んでも、失敗し、多少の粗相があっても、座席は空けられており、常に迎えられる。

このように直接的な現実世界や危険から保護されているがゆえに、子どもは学校で思い切ったチャレンジ、試行錯誤をし、苦痛・くやしさを存分に味わうことができる。もちろん学校でも逸脱へのサンクション（処罰）は行われるが、教育罰は通常の刑法処分とは異なり、「行為への非難（厳しさ）」と「存在の肯定（赦し）」の二重性を帯びたパラドキシカルなコミュニケーションとして成立しており、だからこそ効果を持つ。

また、学校は大勢の子どもが共同生活を送る場である。そこで、子どもたちは地位や身分による差別なしに、対等な立場で自由に出会うことができる。そこは成果をあげるよりも互いに学び合うこと自体が目的の空間であり、了解志向のコミュニケーションが展開しやすい空間となっているのだ。そして同時に、学校は自分以外のすべてのメンバーが自分と同等の権利・尊厳をもって現れてくる空間であり、自分も多くの中のひとりであることを学ぶ脱中心化の機会でもある。そもそも学校を特徴づける「知（リベラルな知）」についても、ヒトが現実世界から距離を取り、改めて自己を見つめ直し、互いに学び合う空間をそこに拓く意味がある（注7）。

しかしながら以上は、学校が公共空間となるための可能性の条件に過ぎず、現実の学校がその潜在的可能性をどの程度実現しているかは別問題だ。自由な学びの場であるはずの学級が、その中で生き残ること自体が困難なサバイバル空間となっていることはよく知られている。それを媒介として、自／他を結びつけるメディアとしての可能性に開かれた知も、固定されたモノのように扱われることで実体化され、その「（より多くの）所有」をめぐる競争を通して、関係を切り離す道具となっている。その結果、公教育の存在意義自体が社会の知的・文化的共通資本を高めるといった公共的観点を薄め、個々の子どもの商品価値を高める（教育工場のような）手段として見なされるようになっている（注8）。

（二）目的合理的組織としての学校観の限界

四つの交換様式のすべてをその構成要素として成立しているのが現実の学校であり、学校が公共空間となる度合い・濃度は、学校の組織化のあり方やその生活空間にほどこされたその仕掛け・演出・実践様式により大きく変化する。

学校を目的の実現手段（目的合理的組織）へと還元して捉えると、子どもは「対象」として、学校における生活はリスキーな「余剰」として現れてくることになる。学級経営（マネジメント）という呼び名が示すように、学級秩序を司る交換様式は、規則・指示・指導などの管理、あるいは試験・評価など、ソフトな権力(略奪と再分配)が支配的となる。

日本の学校ではこうした管理への嫌悪から、共同体的な交換様式をその秩序原理として取り入れるよう努力してきた。教師と子どもは愛情をもって結ばれ、学級は仲間同士の共同生活の場にほかならない、と。こうした位置づけは、あからさまな管理主義や競争関係をやわらげてきた半面、かえって子どもたちを学級＝共同体に強く拘束するものとなり、異質な者に対する非寛容な態度を生み出してきた。

商品交換的発想はこうした管理権力を愛情で偽装する集団主義的な管理体制を嫌悪し、教育関係に顧客中心の論理を導入することを求める。しかし、官僚制的な上から目線の管理を否定して、学校をユーザー本意のサーヴィスへと転換しても、管理の必要自体がなくなるわけではない。子ども自身の自由や個性の尊重を求める商品交換的な発想は、ほかのお客様(子ども)の学習と生活を阻害しないソフトな管理をこれまで以上に強く求めるものだからである。

(三) 学校観の転換

根本的な発想の転換が必要である。そもそも学校を知識や価値を伝達し、サーヴィスを提供する組織体へと還元する方法自体に無理があるのである。学校は「子ども期」という近代社会の制度の上に拓かれた特別な空間であり、子どもを全人格的に包み込むことの要請は、学校を目的合理的組織に還元することを阻んでいる(越智　二〇一一)。子どもはこの生活空間の住民であるが、学校はできうる限り子どもたちを、学校という生活空間を住みよい場所に作り上げていく当事者・パートナーとして処遇し、また育てていくべきであろう。

もちろん、学校は目的を追求する組織でもあり、子どもは精神的に他者への愛着を強く求めるものであるから、権力の形式(事前に問題を解決する命令＝管理＝規則)や共同体の形式(教師の権威)も不可欠である。これを否定するつもりはない。しかしそれでもやはり学校は、互いの自由を認め合う相互尊敬の方法を中心として、その秩序を組み立てていく必要がある。そして、その一つの方法・媒体・道具がマナーなのである。子どもにマナーを教えるとは、「楽しく愉快な生活空間づくりに一緒に参加しよう」と呼びかけること以外の何者でもない。

管理の使用過多は疎外感を与えるだけでなく、「お客様意識＝受け身の構え」をもたらす。こうなると学校は、まさに何でも制度や商品に依存することを旨とする消費者社会への入会儀礼の場となる(イリイチ　一九七七)。自分たちでクラスを支える存在として信頼され、また尊敬の念をもって呼びかけられたとき、子ども達も責任をもって、自主的に活動するようになるだろう。

子どもに規則を守らせるのでなく、自らマナーや作法を通して学級での生活や関係をよくしていこうとする、その姿勢や意欲を引き出す試みは(教師にとってはパラドックスであり)難しい。しかし、逆に言えば子どもたちのマナー＝サーヴィス精神は至るところにころがっているものでもある。授業中、ほかの子どもの発言に耳を傾け、それに応答し、部分的な同意を示しつつ同時に異なる内容を付加・接続していく行為はそれ自体、マナーである。また、他人に喜ばれるような行為をすること、サーヴィスすることは楽しいことであり、等価交換（打算）に染まっていない子ども達は、むしろ自然にサーヴィス活動に参加するものだ。ともあれ、このようなマナーが実践されていることを教師が見抜き、賞賛するなどを通して、マナー的信頼文化が教室空間の中に醸成されると、誰もが次のマナーを実践しやすくなる。マナーは、他者に挨拶することで、他者からも挨拶を得るといったように、それ自体が自分自身の利益にもなる、気持ちのよいものである。

（四）江戸しぐさを取り入れた実践例

学校を共に楽しく豊かにする仕方を経験し、身につけるために、ここでマナー（江戸しぐさ）を素材にした、学級づくり（特別活動）の実践事例を紹介しよう（注9）。マナーを身につけることを性急に求めるのではなく、マナーがその中で生きづく全体的な文化＝社会空間の在り様をトータルに経験し、そのよさを感じ取ることに重点を置いた実践である。江戸しぐさ（粋な文化）を採り上げたのは、それが私たち日本人になじみの深い文化であり、また私たちの考えるマナーのマナー性をよく体現した素材だからである。詳細は報告できないが、概要・手順を示しておけば以下の通りである。

テーマ「みんなでつくろう！『Fしぐさ』」（1年F組）

＊江戸しぐさがどのような背景で発達したものなのか、調べて話し合う。
（「（江戸町衆が）全国各地から集まった風俗、習慣の違う人たちみんなが仲良く暮らし、お互いに共倒れしないで気持ちよく商売をもり立てていくためにはどうしたらいいか知恵を寄せ合って考え」（越川　二〇〇七、三〇頁）、そこから生まれた。）
＊江戸しぐさのひとつひとつについて、そこに込められた良さや願いを鑑賞しつつ、自分たちの学級の課題について話し合う。

例
①「いきは得、野暮は損」：素早く察して行動するのが「いき」。指図されなければ動かないのは「野暮天」。江戸しぐさは、「仕草」ではなく「思草」。
②「人みな仏の化身」「一期一会の精神」「束の間つきあい」：他者を目的として扱う。真摯な態度。「はたらく」とは、人のために動くこと（端を楽にすること）。
③「三脱の教え（年齢・職業・地位は聞かない）」「行き先は聞かない」「尊異論」：異質な他者との共存の技法。（越川　二〇〇七）

＊江戸しぐさを参考に、Ｆ組オリジナルの「Ｆしぐさ」をみんなで考案し、よいアイデアをみんなで実践してみる。

例　「まなざし聞きしぐさ」：「会釈のまなざし」を参考に子どもが考えたもの

＊Ｆしぐさを取り入れた実践活動で、どのような変化があったかふり返る。

いくつかポイントがある。

①まずはとにかく楽しむこと。一人ひとりが、「お客様」でも「管理の対象」でもなく「参加者」として、考え実践する。失敗ＯＫ。チャレンジすることが素晴らしい。「どう役立つの？」といった野暮な質問・批判はなし。

②めざすべきは、暖かい心づかいと相互尊敬で満たされた空間を共に創造すること。損得計算的発想を抜けだし、何気ない心配りの見事さや互いに楽しめる(win & win の)関係づくりのアイデアを競い合い、互いに評価・鑑賞し合うこと。

③一人ひとりが自由で特異な存在になること。協働でジャムセッションするような響き合う場・関係の構築の両立。「自分が変われば、周りも変わり、さらに自分が変わる」、という経験を通してコミュニケーションの醍醐味を味わう。

江戸しぐさを取り入れた実践は数多く、珍しいものではない。しかし、それらは「思いやり」の大切さを説く「道徳教育」であることが多い。これでは「粋」な美学と関連の深い江戸思草の精神・楽しさがきれいに抜け落ちてしまう。ここで特別活動・学級活動の一環として取り入れたのは、マナーが個人のものではなく、全体に関わる作法であることを体験させるため、とりわけマナーの「楽しさ」や「美的価値」を損なわないようにするためである。

おわりに――マナーをマナーで支え、ゆかいな社会を創ろう

商品交換という交換様式がグローバルに展開する中、私たちは自己の存在を(他者関係から切り離して)実体化し、自己の所有領域の拡大(損/得計算)を目指して行動するのが人間の本性だと信じ込まされている。自己責任。自己管理。ライバルとしての他者。学校でも、あらゆる持ち物には名前を書いて、自己管理を徹底させ、トラブルを事前に排除するのが現在の主流となっている。ただし、ここで間違ってはならない。私たちはこの交換様式がエゴイストを生み出すことを危惧しているのではない。実際、この交換様式は、他者の所有権を尊重し、ルールを厳守し自己の欲望を抑制し我慢する道徳(市場モラル)をも同時に生み出している。競争が激しくなればなるほど、この規則・規律も厳しく

なる。私たちはこの二分法の内部で抗争するが、こうした厳しい白／黒区別そのものが市場モラルに特有の形式であることには気づくこともない。こうしてこの社会の人間関係は、たびたび弱者や地球に「やさしい」社会の実現を目指しながら、その求め方は容赦のないものとなり、私たちを圧迫し、生きづらい社会をもたらしているのである。

公共空間は、こうした交換様式が一元的に支配する現実世界から、一歩退いた自由な関係が展開する、アジールである。一歩引きこもるこの場所を足場に、私たちは自己・社会（社会の中の自分）から距離を取ることが可能になる。そして、そこは比較的自由な人間的交流が可能になる空間でもある。そして、マナーは、そうした自由な遊び心に満ちた空間を拓く媒体であるといえる。

もちろん、マナーは純粋なかたちで存在するのは困難である。マナーを理想化し他者に強要しようとすると、それは次第に規範化・モラル化し、その遊び心・美学的側面・演劇性を失っていく。マナーはまた、他者から差異化する道具（優越感や選民思想）へと転化する危険もある。

「粋か野暮か」のコードの中にも、当然のことながら「野暮＝田舎者」を見下すことが生じる。固執するのは野暮。厚化粧、手間をかけた物は野暮である、と。しかし「野暮」と「粋」は、明確に二分できるものではなく、とりわけ「粋」に含まれる遊び心と演劇性は、この危険を緩和する力がある。「粋」は杉浦日向子（一九八九）が言うように、「粋はこういうものであるとははっきり言えない」ものであり、「距離をできる限り接近せしめつつ、距離の差が極限に達せざる、くっつかないという、浮遊状態」、「型に従っているように見えながら、中で常に型にとらわれることを避けようとしている動き」(一九〇頁)である。「野暮」には「物を生産する」パワーがあり、また、この世に生きる限り誰もが「野暮」であらざるを得ず、それゆえに「野暮ですから」と自らを卑下しつつ肯定することもできる。「粋」の本当の対立項は「気障」である。きまりすぎるのは気障で、これがもっとも嫌われる。

また、忘れるべきでないのは、こうした「粋」は社会の生きたプロセスや躍動感に満ちていることだ。江戸っ子の美学を貫こうと意地を張りあう(演技しあう)、演劇空間。落語『三方一両損』には、こうした演劇空間のあり方へのヒントが含まれている(田中　二〇一〇)。あらすじは以下の通り。

ある日、金太郎は三両の金を道端で拾う。持ち主の吉五郎に金を届けるが、驚いたことに彼は「いったん懐から出たものだから俺のものではない、これで一杯呑め」とその金を突き返す。「返す・返さない」の大喧嘩となり、両者、この諍いを大岡越前に訴え出る。大岡越前の裁きはこうだ。行き場のなくなった三両を一旦あずかり、この三両に自らの懐から取り出した一両を加え、あっぱれな振る舞いへの褒美として両者に二両ずつ与える。三者(三方)共、仲良く一両ずつ損をしているではないか。こうして誰もが「宵越しの銭を持たない」という江戸っ子の面目を保つことができ、一件落着。

この噺のキモは、〈自分の利益拡大〉ではなく、〈相手の利益拡大〉を目指して争いが生じ、それが訴訟にまで発展する逆説的な展開にある。これは「江戸っ子としての生き方の美学・意地」をコミカルに描いたものであるが、注目されるのが大岡越前の裁きだ。粋がって（意地をはって）、それが愚かな行いへと転落しないよう救っているのは、大岡越前の粋なはからいそのものである。粋を粋として救うのも粋。贈与を贈与として成り立たせる（空間を創出する）贈与。

市場モラルは、裏切りやフリーライダーがのさばることを恐れて性悪説と自己防衛（個の実体化・所有的個人）に依拠した正義の哲学を広げてきた。これに対し粋な生き方（マナー）は、誰もがそのように振る舞えば楽しい社会が実現される振る舞いを、とりわけ他者への信頼がさらなる信頼を生み出していくような信頼の連鎖を、社会に対して贈与する。もちろん、これはひとりで実践できるものではない。私たちは贈与＝美的実践が贈与＝美的実践であると実感され味わわれる鑑賞空間を、ある意味で意識的に（贈与の心を持って）創出していく必要がある。マナー（贈与）をマナーとして評価し支えるのもまたマナー。こうしたマナーの接続リレーこそが、本章の冒頭に示したような『呪いの時代』（内田二〇一二）の呪縛を解く一つの鍵ではないだろうか。

《注》

（注1）土井は現代の若者は、やさしい関係を維持しようとして「教室のいたるところに埋設された地雷を踏む

ことのないように細心の注意を払いながら、互いの配慮の視線をさらに繊細なものへと高めていく」（二〇〇八、九頁）様子を描写している。

（注2）本章の四つの交換様式の理解は、柄谷の理論に依拠しつつも、その目的において大きな相違があり、独自のものとなっている。

（注3）柄谷は「交換様式X」について、「どこにも実在していない、理念的な存在」としつつ、普遍宗教や理念的なものに注目している。本章では「交換様式X」について、（人間としての本質上）いつでもどこにでも存在するが、安定した秩序原理をもたないもの、いわば交換なき交換様式として捉えている。だから、マナーや公共空間の支えが必要になる。

（注4）「やかましい」お客様が増殖しつつある現状については既に述べた通りである（森　二〇一〇）

（注5）斉藤（二〇〇〇）はアーレントを参照しながら、①自由のための座席＝場所が設けられ、誰もが比類のない存在として認められていること。②〈呼びかけ＝応答〉関係が成立していること。③自由が言葉や行為という形を取って「現れる」空間であること、そして、④排除への抵抗、功利的な尺度に回収されることへの抵抗、を公共空間の特徴として挙げている。

（注6）別の理由としては、①現在の学校が直面しつつある危機（とりわけ子どもの生活空間としての苦しさ）を救うこと、②学校が消費者社会の入会儀礼の場となることから、それへの抵抗の場へと転換する、といったことが挙げられる。

（注7）例えば斉藤喜博の「授業論」は、学びの空間がいかに公共空間であるかを示している。「授業は単に、教材そのものを知識として教えるとか、また、そのなかにある法則を教えるとかいうことだけではない。……それ以上に大切なことは、教材の持っている本質的なものと、教師や子どもが、その教材に対して最初に持っている、イメージや解釈や疑問、また、学習の展開の過程のなかで、それぞれの心のなかに

作り出されていく、疑問や問題や解釈や興味を、互いに結び合わせ、激突させ、追及していくことである。そういうなかで、それぞれの人間の、考えや解釈や疑問を、変化させたり、拡大させたり、深化させたりして、新しいイメージや解釈や疑問を、それぞれの人間に、また、学級全体のなかに、高い調子を持って作り出させていくことである」(斉藤　二〇〇六、七二頁)

(注8)さらに心にとどめておくべきことは、子どもたちの関与の仕方(学校の中での置かれた状況)によって、学校の「現れ方」が大きく変わってくる、という点である。ある生徒たちにとって学校は、共に学び・成長する青春の舞台、いわば「学園」として現れている。しかし他方で、学校を手段的に利用する者(「公塾」としての現れ)、そこでひたすら友だちづくりに励む者(「たまり場」としての現れ)、その時間・空間をひたすら耐え続ける者(「収容所」としての現れ)まで、子どもたちにとって学校という存在は多様である(岩見・富田　一九八二)。いずれにせよ、目的性・演劇性を失った学級は、閑暇の場であるどころか、それ自体がリアルで熾烈なサヴァイバル空間となっているといえそうだ。

(注9)本事例は平成二〇年九月、信州大学長野附属中学校の特別活動授業研究会(特別活動主任：高橋信、授業者：藤井篤德。筆者は指導助言者として参加)において実施されたものである。

《引用・参考文献》

・岩見和彦・富田英典、一九八二年「現代中学生の意識分析—『生徒化』論の可能性」『関西大学社会学部紀要』第一四巻第一号

・イリッチ、I.、一九七七年　東洋・小澤周三訳『脱学校の社会』東京創元社＝Illich, I., c1971 *The Deschooling society*, New York: Harper & Row.

・内田樹、二〇一一年『呪いの時代』新潮社

・越智康詞、二〇一一年 「アリエスの〈教育〉理論を読む」北澤毅編『〈教育〉を社会学する』学文社
・柄谷行人、二〇一〇年『世界史の構造』岩波書店
・九鬼周造、一九七九年『「いき」の構造』岩波文庫
・越川禮子、二〇〇七年『ササッとわかるいろはかるたの「江戸しぐさ」』講談社
・春日清孝・楠秀樹・牧野修也編著、二〇一一年 『〈社会のセキュリティ〉は何を守るのか―消失する社会／個人』学文社
・斉藤喜博、二〇〇六年 『授業』国土社
・斉藤純一、二〇〇〇年『公共性』岩波書店
・杉浦日向子、一九八九年 『江戸へようこそ』ちくま文庫
・諏訪哲二、二〇〇五年『オレ様化する子どもたち』中公新書ラクレ
・田中優子、二〇一〇年『江戸っ子はなぜ宵越しの銭を持たないのか？』小学館新書
・土屋恵一郎、二〇〇二年 『正義論／自由論 寛容の時代へ』岩波現代文庫
・土井隆義、二〇〇八年『友だち地獄―「空気を読む」世代のサヴァイバル』ちくま新書
・松原隆一郎、二〇〇〇年 『消費者主義のゆくえ』ちくま新書
・松下良平、二〇一一年 『道徳教育はホントに道徳的か？』日本図書センター
・森真一、二〇〇八年『ほんとうはこわい「やさしさ社会」』ちくまプリマー新書
・森真一、二〇一〇年 『「お客様」がやかましい』ちくまプリマー新書
・レヴィナス、E.、一九七四＝一九九九年 合田正人訳『存在の彼方へ』講談社学術文庫＝Lévinas, E., 1974 *Autrement qu'être, ou, Au-delà de l'essence*, La Haye:Martinus Nijhoff.

第七章 キャンパスのなかのマナー問題

西本 佳代（至誠館大学）

1 大学生のマナーは低下しているか？

「学生のマナーは悪い」という意見の多さに驚いたことがある。教職員合同の研修会に参加し、学生の現状について話し合った。その際、テーマの一つになったのが学生のマナーの悪さである。敬語を使えない学生、ジャージで授業を受ける学生、喫煙場所を守らない学生が学内にいる。最近の学生のマナーはなってないという意見が教職員の中では多数を占めていた。

こうした意見は、教職員ばかりでなく学生本人にも共有されている。「マナーが悪いと感じるときがある。ケータイとか授業中にさわっている人とか、自転車のマナーが悪い人がけっこういる」、「自転車のとめ方にしろ、授業前の入室にしろ、我先にといったところがみられる。友だちにはできるけど他人にはまったくといっていい程気をつかっていない」以前、筆者が担当した授業で聞いてみると、ほとんどの学生が自分たちのマナーを否定的に語った。たしかに、教員からマナーの様子を聞かれれば、反省を促されているように感じ、つい「自分たちのマナーはよくない」と答えてしまうのかもしれない。だが、それを差し引いても、マナーはいいという学生が少しはいてもいいのではないかと感じた。

また、こうした学生に対するまなざしは、学外においても同様である。「敬語の使い方が身についていない、使えない、知らない学生が増えてきているように感じますので、ここの教育は最低限行っておいていただきたい」、「上下関係が職場では当然あるものなので、先輩にごちそうになったら、次の日お礼を言うのがマナーだし、あいさつをはっきり言うことから教えてほしい。大学まで行って何を教わっているのか疑問ばかり残る。」ある地方国立大学で実施された卒業生受け入れ企業・官公庁を対象としたアンケート調査の結果からも学生のマナーに対する厳しい評価がみられた。

教職員も学生も、就職先の企業・官公庁までも学生のマナーは悪いという。そうなると、学生のマナーは悪いと結論づけられそうなものだが、果たしてそうだろうか。大学に勤めていると、学生のマナーが悪いと感じるのと同じくらい学生のマナーに感心することがある。例えば、学生の提出するプリントが教卓で散乱していたら整えてくれる学生がいたり、時候の挨拶からはじまる丁寧なメール文をくれる学生がいたりする。そうした学生をみていると、自分の学生時代よりマナーがいいように思える。しかし、彼らが褒められることはほとんどない。学生のマナーに関して、「よい」とはいってはいけない、あるいは「悪い」といわなければならない雰囲気でもあるようだ。

若者論について検証した浅野(二〇〇六)によれば、一九九〇年代以降、肯定的な若者像が後退し、否定的な評価しかされなくなった。少年犯罪の凶悪化や人間関係の希薄化など、若者に対する否定的な語りは、わかりやすさのため受け入れられ、そうした語りにデータが伴っていないことを証明する研究が行われているにもかかわらず、通説のもたらす安心感から受け入れられなかったという。

おそらく、学生のマナー問題もその文脈にそって考えなければならないのだろう。学生のマナーの良し悪しに関わらず、学生のマナーをよいといってはいけない。そんな雰囲気が充満している。また、そのマナーの悪さを前提として、大学においてマナー教育が実施されている。だが、そうした状態では、マナー教育の本質を見誤ってしまうだろう。あらかじめ議論を先取りすれば、大人世代と学生世代のマナーを支える原則は異なっている。そこに目を向けずに、「マナーの悪い学生」にマナーを教え込もうとすれば両者の溝は深まるばかりであり、意図せざる結果を生み出すことにもなりかねない。そこで、本章では、学生のマナーに対する意識・行動を明らかにした後、大学で行われているマナー教育を確認し、その現状と課題を明らかにしていきたい。

2 大学生のマナー意識とマナー行動

(一) 分析データ

まず、学生がマナーに対してどのように考えており、どのような行動をとっているのか確認することからはじめよう。分析に用いたのは、大学生を対象としたマナーに関するアンケート調査(『大学生のマナーに関する意識と行動に関する調査』)である。調査は二〇〇九年七月〜八月にかけて実施され、全国一九大学(国立大学五校、公立大学二校、私立一二校)、二五七四名の大学生から回答が得られた(注1)。以下ではこの調査結果をもとに、大学生のマナー意識と行動について検討していきたい。なお、大学生の考える「マナー」とは何か、マナーの概念そのものについても掘り下げ、考えていかなければならない。そのため、本章ではひとまず「他者への配慮を必要とする行動」と広く解釈することにしたい。

(二) 日常生活におけるマナー

この調査結果からまず指摘できることは、「マナーは守るべき」という価値観を学生はしっかり身につけているということである。「マナーを守る人はかっこいい」の項目に「とてもあてはまる」あるいは「まああてはまる」(以下「あてはまる」と表記)と回答した学生は八〇・九%であった(注2)。また、「マナーを守ると気持ちがいい」の項目に「あてはまる」と回答した学生は七六・八％であり、マナーを守る人を評価し、マナーを守ることが快・不快の判断基準になっている様子がうかがえる。さらに、「大学生がマナーを守れないようでは恥ずかしい」の項目については、九一・三％の学生が「あてはまる」と回答しており、ほとんどの大学生がマナーを守るべきだと考えていることがわかる。以上のような傾向を反映してか、ほとんどの学生が自分はマナーを守っていると答えている。「私は社会生活をおくる上でのマナーを守っている」の項目をみると、九四・九％の学生が「あてはまる」と回答していた。

このようにアンケートの結果から解釈する限りは、学生たちのマナーは悪くない。私たちが実施した今回の調査では具体的なマナー行為についても尋ねているが、それらを守るべきだという意識が強く、実際に守っている様子がうかがえる。例えば、友だちとの付きあい方についてのマナーである。「友だちとの約束の時間に遅れそうになっても、電話やメールを入れない」ことを「絶対にいけない」と回答した学生は六〇・八％であり、「友だちとの約束の時間に遅れそうなときには、電話やメールを入れる」に「あてはまる」と回答した学生は九六・〇％となっている(注3)。また、「親しい友だちの秘密を口外する」ことを「絶対にいけない」と考える学生は六七・一％であり、自分は「親しい友だちの秘密については口外しない」とする学生は九五・二％であった。

さらに、普段の生活の場面においても学生たちはマナーに気をつけており、実際にマナーが守られている。例えば、お礼や謝罪のあいさつについてである。「ちょっとした親切を受けても『ありがと

表7-1　日常生活におけるマナー意識と行動

		とてもあてはまる	まあまああてはまる	あまりあてはまらない	全くあてはまらない	合計
1	マナーを守る人はかっこいい	42.2	38.7	16.3	2.8	100.0 (2561)
2	マナーを守ると気持ちがいい	32.5	44.3	20.9	2.3	100.0 (2562)
3	大学生がマナーを守れないようでは恥ずかしい	42.6	48.7	8.0	0.8	100.0 (2564)
4	私は社会生活をおくる上でのマナーを守っている	15.7	79.2	4.9	0.2	100.0 (2567)

		絶対にいけない	仕方ない場合もある	たまにならよい	別によい	合計
1	友だちとの約束の時間に遅れそうになっても、電話やメールを入れない	60.8	32.7	4.6	1.9	100.0 (2533)
2	親しい友だちの秘密を口外する	67.1	27.3	3.0	2.6	100.0 (2530)
3	ちょっとした親切を受けても「ありがとう」といわない	66.7	26.7	4.9	1.7	100.0 (2532)
4	人にぶつかっても謝らない	67.3	29.2	2.3	1.2	100.0 (2538)

		とてもあてはまる	まあまああてはまる	あまりあてはまらない	全くあてはまらない	合計
1	友だちとの約束の時間に遅れそうなときには、電話やメールを入れる	70.7	25.3	3.3	0.7	100.0 (2549)
2	親しい友だちの秘密については口外しない	62.8	32.4	3.8	1.0	100.0 (2553)
3	ちょっとした親切を受けたら「ありがとう」というようにしている	67.6	30.0	1.9	0.5	100.0 (2564)
4	人にぶつかったら謝るようにしている	67.1	29.2	2.9	0.8	100.0 (2564)

う』といわない」ことを「絶対にいけない」と考える学生は六六・七%、「ちょっとした親切を受けたら『ありがとう』というようにしている」に「あてはまる」とした学生は九七・六%であった。また、「人にぶつかっても謝らない」の項目に「絶対にいけない」と回答した学生は六七・三%、「人にぶつかったら謝るようにしている」に「あてはまる」とした学生は九六・三%であった。

これらの結果から、概して学生は、マナーを守るべきという意識が高く、実際にマナーを守っているといえそうである。しかし、マナーの優等生のようにみえる学生が好ましくない振る舞いをする場面もある。ほかでもない、教室である。

(三) 教室におけるマナー

教室における学生のマナーは、決してよいとは言い難いようである。具体的に、教室でのマナー行動をみると、授業中に授業に集中せず、ほかのことをしている学生が、意外に多いことがわかる。「授業中に居眠りをする」に「あてはまる」と回答した学生は七三・一%、同様に「授業中に携帯メールをする」六〇・一%、「授業中におしゃべり(私語)をする」五三・一%、「授業中に内職をする」五一・八%であった。居眠り、携帯メール、私語、内職については、もちろん程度の差はあるが、学生の半数以上がそのような行為を行っていると回答している。

また、授業に遅刻したり、欠席したりする学生の数も少なくない。それぞれ「授業に遅刻する」は

表7-2　教室におけるマナー意識と行動

		とてもあてはまる	まあまああてはまる	あまりあてはまらない	全くあてはまらない	合計
1	授業中に居眠りをする	23.0	50.1	20.3	6.6	100.0 (2558)
2	授業中に携帯メールをする	20.0	40.1	25.7	14.2	100.0 (2535)
3	授業中におしゃべり(私語)をする	8.2	44.9	35.6	11.3	100.0 (2559)
4	授業中に内職をする	9.6	42.2	31.2	17.0	100.0 (2553)
5	授業に遅刻する	8.7	32.9	30.4	27.9	100.0 (2562)
6	やむをえない理由がないのに授業を欠席する	8.0	29.5	28.8	33.7	100.0 (2564)
7	授業中に水やジュースなどを飲む	13.3	30.7	24.3	31.7	100.0 (2559)
8	授業中にパンやお菓子などを食べる	3.6	11.3	29.6	55.5	100.0 (2562)

		絶対にいけない	仕方ない場合もある	たまにならよい	別によい	合計
1	授業中に居眠りをする	11.3	57.5	16.4	14.8	100.0 (2548)
2	授業中に内職をする	14.7	56.0	14.9	14.4	100.0 (2546)
3	授業中に携帯メールをする	16.6	52.7	17.0	13.7	100.0 (2547)
4	授業中におしゃべり(私語)をする	18.3	57.5	20.7	3.5	100.0 (2545)
5	授業に遅刻する	11.6	78.7	6.6	3.0	100.0 (2549)
6	やむをえない理由がないのに授業を欠席する	30.9	43.2	19.7	6.3	100.0 (2544)
7	授業中に水やジュースなどを飲む	26.2	37.7	18.8	17.4	100.0 (2543)
8	授業中にパンやお菓子などを食べる	61.9	21.8	12.0	4.3	100.0 (2546)

四一・六%、「やむをえない理由がないのに授業を欠席する」は三七・五%の学生が「あてはまる」と回答していた。

さらに、授業中に飲食する学生も一定程度存在する。「授業中に水やジュースなどを飲む」は四四・〇%、「授業中にパンやお菓子などを食べる」は一四・八%の学生が「あてはまる」と回答している。授業中の飲食については、ペットボトルの持ち込みを許可する教員がいたり、ゼミでお菓子をすすめる教員がいたりすることもあり、一概にマナー違反というわけではない。だが、それらを差し引いても、学生の教室での態度は必ずしも良好とはいえないようである。

教室のマナーについては、意識の面も良好とはいえない。特に授業中にほかのことをしてはいけないという意識は低いようである。「授業中に居眠りをする」を「絶対にいけない」と回答した学生は一一・三%、同様に「授業中に内職をする」一四・七%、「授業中に携帯メールをする」一六・六%、「授業中におしゃべり(私語)をする」一八・三%となっていた。授業中の居眠り、内職、携帯メール、私語を「絶対にいけない」ことだと考える学生は二割に達していないことがわかる。また、「授業に遅刻する」を「絶対にいけない」と回答した学生は一一・六%、同様に「やむをえない理由がないのに授業を欠席する」は三〇・九%であった。これらの項目はマナーよりもルールに近い内容であるが、「守らなければならない」という規範意識は強いとはいえない。

ただ、かつての学生が、教師の話をひたすらまじめに聞く存在であったかというと、それはわからない。そもそも真面目に聴講することが当たり前とされていたので、私たちのような問題意識に支えられた調査自体が存在していない。かつての大学は教育に熱心ではなかったし、休講も多かったし、先生が遅刻してくることも珍しいことではなかった。学生もよく授業をサボった。今日では、教育機関としての大学が強調され、シラバス、授業評価などが大学の授業に欠かせない道具になっている。他方で、ケータイが普及してきたのがこの一五年ほどのことなので、それま

いずれも大学での授業風景の一コマ

ではケータイで授業中にメールを送信するというようなことはなかった。また、かつては選ばれた少数の人たちのための大学であったが。今日ではユニバーサル化し、誰もが大学に通うようになった。大学も学生も変わったので、授業中の風景を過去と現在を単純に比較することはできない。

学生の授業中の私語について分析を進めてきた島田（二〇〇二）によれば、近年授業を聞かない学生が増加しているという。教師のはなしをまじめに聞く学生は一九七〇年代以降急速に姿を消し、一九八〇年代に入ると何かほかのことをしながら授業を聞くという形が主流になった。だが、まだこの頃は、ほかのことをしながらもあくまで重点は授業を聞くことに置かれていた。それが一九九〇年代に突入すると、授業を聞くことよりも授業中にしているほかのことに重きが置かれるようになった。そして、昨今急増しているのが、部分的に授業を聞く（部分聴取）、あるいはまったく授業を聞かない（非聴取）といった受講の形であるという。学生たちは、「気の向くままに、あるいは周囲に流されながら、流動的に聴取したりしなかったりしている」（島田　二〇〇二、一七二頁）。

学生たちは、マナーを守るべきと考え、実際に自分は社会生活におけるマナーを守っていると答える。たしかに、友だちに対する行動や普段の生活における行動をみてみても、学生のマナーの悪さはうかがえない。その反面、授業中にほかのことをする学生の多さには驚かされる。こうした学生の場面によるマナーの使い分けをどのように解釈すればよいのだろうか。その点を検討するため、続けて若者が否定的に語られることの多い、公共の場でのマナーについてみてみよう。

（四）公共の場におけるマナー

若者のマナーの低下が指摘される場合、その多くは、若者の行動が大人世代の目に触れる公共の場での立居振舞の悪さとして語られる。例えば、コンビニの前や駅のホームに座り込むことや、電車やバスの中で人目をはばからず化粧をすることなどが、これまで若者のマナーの悪さとして取り上げられることが多かった。本調査でも、このような行動について尋ねてみたが、そうした行動をとる学生は少ないことがわかった。

具体的にみてみよう。「公共の場では地べた座りをしない」に「あてはまる」と答えた学生は八五・〇％、同様に「バスや電車の中では化粧をしない」は八八・五％となっていた。地べた座りや車内での化粧は、若者のマナー低下の例として取り上げられることが多いが、そうした行動をとる学生はほんの一部であり、ほとんどの学生は公共の場でも望ましい行動をとっていることがわかる。

他方で、こうしたマナー違反とされる行動に対して抵抗感のない学生が半数程度存在することも調査から明らかになった。例え

表7-3　公共の場におけるマナー意識と行動

		とてもあてはまる	まあまああてはまる	あまりあてはまらない	全くあてはまらない	合計
1	公共の場では地べた座りをしない	53.9	31.1	12.9	2.1	100.0 (2564)
2	バスや電車の中では化粧をしない	69.9	18.6	6.5	5.0	100.0 (2537)

		絶対にいけない	仕方ない場合もある	たまにならよい	別によい	合計
1	公共の場で地べた座りをする	54.4	33.5	7.3	4.8	100.0 (2535)
2	バスや電車の中で化粧をする	48.4	40.6	4.4	6.6	100.0 (2532)

ば、「公共の場で地べた座りをする」ことを「絶対にいけない」と考える学生は五四・四％しかいない。また、同様に「バスや電車の中で化粧をする」を「絶対にいけない」と考える学生は四八・四％であった。実際に地べた座りや車内での化粧をする学生は少ない。しかし、それらの行為をいけないことだと考える学生は必ずしも多くない。こうした学生のマナー行動、意識をどのように捉えればよいだろうか。

松下（二〇一一）は、道徳教育について扱った著書の中で、現代社会に生きる人びと、その中でも特に若い世代が「共同体道徳」と「市場モラル」とのせめぎあいの中で実際にどう振る舞えばよいのかとまどいながら生活している可能性を指摘する。「共同体道徳」とは、「共通の活動や共同体実践を通じて生成し、伝達され、異質な文化との出会いを通じて変容」（松下　二〇一一、二八七頁）していくものであり、「人と共にある世界をよきものにする」（同、二六八頁）ことへの関心に支えられている。一方の「市場モラル」は、市民革命と同時期に現れた比較的新しい道徳の考え方で、「自分の利益になるように人とかかわる」（同、二六八頁）ことへの関心に支えられている。この「市場モラル」は、もともと「理性の計算にもとづく相互の契約を通じて秩序を確立し、欲望追求に一定の歯止めを設けることを通じて、逆にその欲望追求を安全かつ安定的におこなえるようにすること」（同、二五五頁）を本来の目的としていたが、今日のリスク管理のための予防原則や消費社会特有の心理主義と結びつき、近年、「他人の気分を害しかねないことをしないかぎりは、自分の好みや目的を自由に追求してよい」（同、二五九頁）という形に変化している。

それに対して、古くから存在し、さまざまな地域に根付いているのは共同体道徳である。しかし、近年、日本社会において市場モラルは大きな影響力をもつようになった。そうした中、共同体道徳が社会の公式の道徳として通用した時代を知らない若い世代が誕生し、市場モラルが社会の公式の道徳として大手を振る時代を、それなりに共同体道徳も身につけながら生きているのだという。

学生の約半数は、地べた座りや電車やバスの車内での化粧をいけないことだと考えていなかった。それは、彼らが「他人の気分を害しかねないことをしないかぎりは、自分の好みや目的を自由に追求してよい」という市場モラルの中で生きており、地べた座りや車内での化粧をいけないことだと位置づけることができないからである(注4)。その反面、地べた座りや電車やバスの車内での化粧を実際にすると回答した学生はほとんどいない。それは、彼らが「人と共にある世界をよきものにする」共同体道徳も同時に身につけており、地べた座りや車内での化粧を「うまく理由づけられないけど、たぶんしない方がいいこと」として感じ取ることができているからではなかろうか。

このように、今の学生が市場モラルと共同体道徳のせめぎあいの中で生きているととらえると、友だちに対する行動や普段の生活における行動がよい反面、教室でのマナーが悪いという結果の理由が説明できそうである。すなわち、学生の多くは市場モラルの観点からした方がよい、あるいはしない方がよいと説明できる行為については理解できるが、共同体道徳に則り行為の良し悪しを決められてもピンとこない場合があると推察される。

先に、友だちに対するマナーとして紹介したのは、待ち合わせに遅刻しないことと秘密を口外しないことであり、日常生活におけるマナーとしてあげたのは、親切なことをされたら「ありがとう」と言い、他者とぶつかったら謝罪をするというものだった。こうした行動をとらなければ、相手は不快に感じ、下手をすればトラブルにもなりかねない。市場モラルの原則からすべきだと位置づけられやすい行為である。

一方、教室という場において、眠ったり、携帯メールをしたり、ちょっとした私語や内職をしたりすることは、「他人の気分を害しかねないことをしないかぎりは、自分の好みや目的を自由に追求してよい」という市場モラルの原則からはすべきでない行為として位置づけられにくい。実際は、教員や授業を真面目に聞いている一部の学生からしてみれば、ひどく迷惑な行為なのだが、なかなかそうした自分と異なる他者の視点を考慮できない。恥ずかしながら、一九八〇年代生まれの筆者は授業中の居眠り、携帯メール、私語、内職、遅刻欠席等をしてきたひとりである。今思えば、それらの行為が誰かの迷惑になっているとはほとんど考えていなかった。居眠り、携帯メール、内職については一人でおとなしくしていることだし、私語についても授業を妨害するほどではない。遅刻や欠席も、テストがわからなくても自己責任だからいいかというぐらいにしか考えてこなかった。授業を聞いていない学生がいれば、教員は何度も同じことを説明しなければならない、それは授業を真面目に聞いているほかの学生の集中力をそぐことにもつながる。そのことを知るのは自分が教える側になってからだった。

もし、同じ教室で過ごすほかの学生を、共に学び合うメンバーとして捉えることができれば、授業をよりよくするための最大限の努力ができるだろうし、自分と立場の異なる他者について思いをはせることもできるだろう。しかし、大学の授業は学びのための共同空間というよりも、支払った授業料に対して提供されるサーヴィスになりつつある。提供されたサーヴィスをどうするかは消費者の勝手であり、たまたま居合わせた他の消費者に対しての振る舞いまでも制限される必要はない。

もちろん、授業規模や大学の雰囲気、教員の指導方針によっても学生の受講態度は異なり、それらの違いも考慮しなければならない。また、授業形態が出席重視にシフトしていることや、進学率の上昇により、学習レディネスのない学生までも大学が受け入れるようになったことなどの環境要因も考えられる。しかし、学生の授業態度がよくない大きな要因は、それをいけないことだと位置づける論理を彼らが持ち合わせていないことにあるのではないか。

これまでの内容をまとめよう。学生のマナーは、「他人の気分を害しかねないことをしない限りは、自分の好みや目的を自由に追求してよい」という市場モラルの原則によって左右される。一方の大人世代は、市場モラルだけでなく、「人とともにある世界をよきものにする」共同体道徳の原則からも行動が規定される。学生は、大人世代のマナーを支える共同体道徳の原則を十分には理解できない。そのため、大人世代からみれば共同体道徳の原則で判断してほしいところで市場モラルに則って行動する。その行動について大人世代は違和感を持つ。もともと〈若者ダメ論〉が充満している時代である。その違和感が大きく取り上げられ、やっぱり学生のマナーはなっていないという言説が生まれやすい。

だが、そのように考えるとなんとも理不尽な気もする。若者世代はこれまでに教えられた原則に基づき行動している。それに対して、教えられていない原則を守っていないと大人世代からクレームをつけられる。だったらはじめから共同体道徳も教えてくれといいたくなりそうだ。けれども、大学におけるマナー教育をみてみると、それらが入り込む隙間はない。大学におけるマナー教育は学生に対して、「自分のため」以外にマナーを身につける理由を主張できずにいるのではないか。このような問題意識から、大学におけるマナー教育に視点を移していきたい。

3 大学におけるマナー教育

近年、大学においてもマナー教育に注目が集まっている。すでにみてきた受講マナーはもちろんのこと、通学マナーやメディア利用のマナー、あるいはビジネスマナーなど、多様な領域で、学生のマナーの欠如が問題視されているからである。二〇一〇年には日本学生支援機構刊行の雑誌『大学と学生』、日本私立大学連盟刊行の雑誌『大学時報』が相次いで大学における「マナー教育」の特集をくんだ。そこでは、いまやマナーを「常識のある社会人になるための教育として、大学在学中に教える必要性」(日本学生支援機構編　二〇一〇)が、徐々にではあるが認識されはじめていると指摘されている。

大学におけるマナー教育を精査してみると、大きく四つに分類することができる。すなわち、①不祥事対策としてのマナー教育、②初年次教育としてのマナー教育、③自校教育としてのマナー教育、④キャリア教育としてのマナー教育、の四つである。まずは、それぞれの具体的内容を紹介しておこう。

(一) 不祥事対策としてのマナー教育

近年実施されているマナー教育の流れとして欠かせないのが、学生が起こした問題を改善するために行われるマナー教育である。例えば、東京女子体育大学・東京女子体育短期大学では、学生の通学路でのマナーの悪さが指摘され、学生相互のチェックによる通学マナーの向上を目指している。また、桃山学院大学では、近隣の飲食店、公共施設での学生の飲酒マナーの悪さが指摘されたことを背景に、学内バーでの飲酒マナーの啓発が行われている。いずれも近隣住民からのクレームに対応するために導入されたマナー教育である。

近隣からのクレーム以上に深刻なのが、学生が起こした不祥事である。大学への進学率が約五〇%

となった現在、若者の多くが学生の身分にある。大学生と大学生以外の若者の区別がつきにくい現在であるが、学生が逮捕されたりすると、大学は社会からの厳しい視線にさらされ、学生の不祥事に対しての教育責任が問われる。そうはいっても学生の不祥事を防ぐ有効な手だてがあるはずもなく、多くの大学が原因究明とその後の対応に頭を悩ませているのが現状である。多くの場合、逮捕につながるような行動を起こす学生はごく一部であり、大多数の学生を「矯正」の対象にする必要はない。しかし、「再発防止」を標榜するからには、全学生を対象とした何らかの対応をしないわけにはいかない。こうした状況のなかで、学内の規範意識を高めることを目的としてマナー教育が導入されるのである。マナーという誰しもが身につけておくべき振舞が、学生の規範意識を育てるために有効ではないかと考えられるのである。ある国立大学では、学生の逮捕者を出した翌年から、規範意識を高めることを目的としてルールとマナーについて学ぶ正課科目を開講している。

(二) 初年次教育としてのマナー教育

不祥事への対策ではなく、広く新入生を対象としたマナー教育も実施されている。初年次教育として展開されるマナー教育がそれである。新しく大学に入学した一年生は、高校までと異なることが多く、学習面はもちろんのこと生活面においてもとまどうことが少なくない。その「とまどい」について丁寧に教えてくれるのが、初年次教育として実施されるマナー教育である。例えば、受講のマナーやメールのマナー、ゴミの出し方や通学マナーなどが挙げられる。

こうした内容についていち早く取り組んだのが、金沢大学である。金沢大学では、二〇〇六年から「大学・社会生活論」という全学必修の導入科目の一部として、「ゴミの出し方」を含む「環境論」や「大人の交通マナー」が教えられている。いずれも「学生に社会的責任を自覚させ、必要な常識・知識を入学当初に教育すれば、学生がトラブルに巻き込まれる可能性は低く」(日本学生支援機構編　二〇一〇、三〇頁)なるという観点から導入された。

こうした初年次教育におけるマナー教育は、あるべき学生文化と現状のギャップの大きさにより三つの分類が可能だという(日本学生支援機構編　二〇一〇、二二一-二二三頁)。すなわち、低難易度大学では授業の受け方や学生生活の過ごし方を、中難易度大学ではレポートの書き方や資料の扱い方、プレゼンテーションといった学習スキルを、高難易度大学ではレトリックなど学問への認識・視点を、である。確かに大きく分けるとこのような傾向になるのだろうが、先に事例として取り上げた金沢大学は、高難易度に分類される大学である。最難関大学の一つでもある京都大学の初年次教育では、二〇一〇年度から薬物の危険性と人権のほか、「スピードを出して歩道を走るなど、大学周辺で苦情の多い自転車のマナーについても教育する」(二〇〇九年一一月二二日付　読売新聞朝刊)とされている、大阪大学ではカルト宗教対策、麻薬問題に加え交通マナーを教えている(石渡ほか、二〇一二)。このような事例を総合すると、今や難易度に関わらず初年次教育においてマナーを教える時代になっているといった方が適切かもしれない。

(三) 自校教育としてのマナー教育

自校教育の一環として行われるマナー教育にも着目したい。〇〇大学生らしさをマナーを教えることによって養うというものであり、特に女子大学に多い取り組みである。例えば、九州女子大学・九州女子短期大学では、九女ブランドを再構築するために、マナー教育に力を入れている。「基本的な生活マナーを知らない学生が増え、地域で生活する時に社会常識が守れない学生が増加してきた」(日本学生支援機構編　二〇一〇、四七頁)という問題意識を背景に、特に生活面におけるマナー指導を強化している。具体的には、「品格を求めて—社会に適応できる強くてしなやかな女性の育成—」が学生教育のテーマに掲げられ、マナー・プロトコール検定という国際基準の資格検定の合格を目指した講座が開設されている。

同様に、女子大学と女子短期大学を併設する実践女子大学・実践女子短期大学でも、建学の精神に基づいて、マナーが教えられている。実践女子大学・実践女子短期大学の建学の精神は、「品格高雅にして自立自営しうる女性の育成」である。この品格高雅の原点をなすものの一つとして、「マナーを心得た女性」が位置づけられ、マナー教育が積極的に行われている。具体的には、キャリアセンター主催の講座のほか、『マナーの実践』というタイトルのマナーブックが配布され、そこには身だしなみや表情、立居振舞やあいさつ、言葉遣いに関する内容が盛り込まれている。

（四）キャリア教育としてのマナー教育

キャリア教育の隆盛とともに、その枠組みのなかでマナー教育が行われるようになった。平成二三年度より、教育課程に職業指導（キャリアガイダンス）を盛り込むことが義務化され、今やどの大学でもキャリア教育が実施されている。その中で、マナー教育を取り入れている大学は多い。ちなみに、キャリア教育を扱った文部科学省主催の大学教育改革支援策【大学教育・学生支援推進事業就職支援推進プログラム（平成二一年度採択）】と【大学生の就業力育成支援事業（平成二二年度採択）】をみると、採択された全二四五件のプログラムのうち、実に五一件において何らかのマナー教育が実施されていることが明らかになった（注5）。ここでは日本学生支援機構の刊行する事例集に記載された内容から、その具体的取り組みを簡単に紹介したい（注6）。

採択された五一件のプログラムを概観していくと、そのほとんどがビジネスマナーを教える取り組みであることがわかる。例えば、愛知大学短期大学部では、「インターンシップやビジネスマナーなどの具体的な学習課題と目標をカリキュラムとして設定することは、産業社会への足がかりとして重要」だとして、正課科目でマナーが教えられている。椙山女学園大学のマナー講座には、「①就職の心構え、②自己分析、③身だしなみについて、④言葉使いのマナー、⑤電話応対、⑥一般常識マナーを講義する」というプログラムが編成されている。このように五一件のプログラムの中で、四〇件までがビジネスマナーを教える取り組みであった(注7)。キャリア教育の文脈で行われるマナー教育は、ビジネスマナーに特化する傾向のあることがわかる。

他方、少数ではあるが、ビジネスマナーではないマナー教育の実践も存在している。愛媛大学では、成人期移行教育の一環として正課科目のマナー教育が実施されている。「職業的・社会的自立に必要な資質、生涯を通じた就業力、そして豊かな人間性を備えた人材『オトナ』の育成には、成人期移行教育が不可欠」との考えから、「社会とルール、モラルとマナー、愛と家族など」の内容が教えられている。秋草学園短期大学では、「学生としてふさわしい良識行動について実践的に学ぶことで、就職活動だけでなくアルバイト、ボランティア等、学外での活動に役立たせることができる」という考えのもと、社会人基礎マナー講座を開講している。これらはビジネスの場面で求められる作法というよりは、むしろ、社会人としての意識・態度の形成を目指しており、社会人基礎力を育成するためのマナー教育ということができる。キャリア教育として展開されるマナー教育は、ビジネスマナーを教えるものと、社会人基礎力としてのマナーを教えるものとに、大別されることがわかる。

(五) マナー教育が求められる背景

以上、①不祥事対策としてのマナー教育、②初年次教育としてのマナー教育、③自校教育としてのマナー教育、④キャリア教育としてのマナー教育の四つに分け、大学におけるマナー教育を概観してきた。「不祥事対策としてのマナー教育」は主にクレーム対応、「自校教育としてのマナー教育」と「初年次教育としてのマナー教育」は主に出口管理への対応というように、それぞれのマナー教育はそれぞれの背景を背負っている。いずれの背景にも、学生の質保証に対する要望の高まりと大学で育成すべき人材像の明確化が関わっている。

高等教育のユニバーサル・アクセスをうけ、学生の質保証に対する要望が年々高まりをみせている。二〇〇四年には、認証評価並びに国立大学法人評価が義務化され、大学には社会に対する説明責任が課せられた。今や大学四年間を通してどのような学生を育てているのか、その教育目標やカリキュラムを明示することが大学に求められている。

そこで育てる人材像については、産業界をはじめとした各界から次々と提示され、マナーと領域を近くする内容にも言及されている。二〇〇六年に経済産業省の示した社会人基礎力には「チームで働く力(チームワーク)」の一つとして「社会のルールや人との約束を守る力(規律性)」があげられた。また、二〇〇八年に文部科学省がまとめた学士力においても「態度・志向性」として「自己の良心と社会の規範やルールにしたがって行動できる(倫理観)」こと、「社会の一員としての意識を持ち、義務と権利を適正に行使しつつ、社会の発展のために積極的に関与できる(市民としての社会的責任)」ことが掲げられた。また、中央教育審議会の二十一世紀型市民や内閣府の示した新しい公共の担い手の育成など、大学時代にマナーを身につけておくべきだという主張を後押しする提言には事欠かない。

マナーは他者への気遣いにも、社会常識にも、品格にも通じる、多義的な内容を含んだ用語である。それは社会人になるために不可欠なものである。マナー教育によって、学生の問題行動を未然に防ぐことはもちろんであるが、一定の型を身につけさせることもできる。学生の意欲や志向性を変えることは容易でないが、マナーという型であれば比較的容易に身につけることができ、しかも可視的である。名刺の渡し方を知らない学生が綺麗な作法で差し出せるようになる。ゴミの出し方を知らない学生がきちんと分別できるようになる。そうした目にみえる成果を出しやすいマナー教育が、現在選ばれているのではなかろうか。大学教育の目標が「何を学ぶか」から「何ができるようになるか」に転換しつつある現在、マナー教育は時代に適合した教育内容なのである。

4 なぜ、マナーを学ぶのか？

これまで、学生のマナー意識や行動と、大学におけるマナー教育の動向について検討してきた。本稿の執筆にあたり、いくつかの大学でマナー教育を担当している教職員にインタビューを実施したが、その熱心さには頭の下がる思いがした。不祥事対策であれば、学生が恥ずかしい思いをしないように、自校教育やキャリア教育であれば、学生が社会に出て活躍できるように、という願いを込めている方ばかりである。

しかし、これまでみてきたような構造で教えられるマナーには限界もある。ここで教えられるマナーは、行為そのものに目的がないからだ。矢野（二〇〇八）は、相手からの見返りを期待しない純粋贈与であるはずのボランティア活動が、授業として導入されることによって手段化される可能性をもっと指摘している。本来、活動自体が目的であるはずのボランティアが授業として教員の評価を受けることで、活動の外部に別の目的がもたらされる。そのことが、「人間に関わる出来事は、結局のところ交換可能＝共約可能であり等価な貨幣に置き換えることができるのだという認識、また『それは自分にとって役に立つか立たないか』という基準で判断し行為すべきなのだという認識」（矢野二〇〇八、二三七頁）を植え付けることになるという。

大学におけるマナー教育はすべてが正課科目として教えられているわけではなく、正課外の講座や活動を通しても教えられる。しかし、大学のマナー教育において、学生にマナーを学ばせないという選択肢は用意されていない。そうした状況の中で学ばれるとき、授業として展開されるボランティアと同様の問題が生じることにならないか。

その証拠に、大学におけるマナー教育では「自分のために学ぶ」というレトリックが頻出している。不祥事対策としてのマナーは自大学やそこに通う自分の評判を高めるため、初年次教育としてのマナーは、大学生活を過ごしやすくするため、自校教育としてのマナーは、〇〇大学生らしく社会で活躍するため、そして、キャリア教育の文脈で教えられるマナーは、就職や入職後の活動をスムーズにするためである。自分のために役に立つからマナーを学ぶのだという宣伝文句が多用されており、マナーを守ることは手段化されているようにみえる。

おそらく、大学側も必死なのだろう。学生たちは、大学に入学するまで、自分の利益になるように他人と関わることを教えられてきた。そうした対象にマナーを教えるには、やはり「自分のため」というレトリックを使わざるをえない。だが、このままでは自分の利益にならないマナーが学ばれることはない。以前、ボランティアに関する授業をしていたときに、学生が「ボランティアをする意味がわからない」と言っているのを聞いたことがある。どうやら、自分の利益にならないのに、なんで活動しなければならないのかわからないということらしい。そのときは、授業でボランティア義務化の問題を取り上げた直後だったこともあり、反対派の議論に影響されたのかと軽く考えていたが、実は本質的な問題であったことに気づかされた。市場モラルに則り生きてきた結果、彼女は自分に利益が還元されない行動をできないようになっているのだ。

「自分の役に立たないからマナーを守る意味がわかない」。学生からこうした発言が聞かれるのも時間の問題だろう。そうならないうちに、大学において、なぜ、そして、いかにマナーを教えるのか再考しておかなければならない。

《注》

（注1）サンプルの内訳は、以下の通りである。性別：男性三八・四％・女性六一・六％。学年：一年三一・九％・二年三七・五％・三年二一・一％・四年八・八％・その他〇・六％。学部：教育系二九・三％・社会科学系三九・〇％・自然科学系一・七％・医療系一六・二％・その他一三・八％。詳細については、西本他（二〇一一ａｂ）を参照されたい。

（注2）マナーに対する意識は、「とてもあてはまる」「まあまああてはまる」「あまりあてはまらない」「全くあてはまらない」の四件法を用いて尋ねており、そのうち「とてもあてはまる」「まあまああてはまる」の回答者を該当者として示している。以下、同様に表記。

（注3）マナー行動は、「絶対にいけない」「仕方ない場合もある」「たまにならよい」「別によい」の四件法を用いて尋ねており、そのうち「絶対にいけない」の該当者を示している。以下、同様に表記。

（注4）学生に対して「家庭で受けたマナーを含む躾において口やかましく言われたこと」を自由記述方式で尋ねた際にも、「他人に迷惑をかけない」といった回答が頻出していた。詳細は、西本ほか（二〇一一ｂ）を参照されたい。

（注5）【大学教育・学生支援推進事業】は「高等教育の質保証の強化に資することを目的として」（日本学生支援機構ａ）、そして【大学生の就業力育成支援事業】は「産業界等との連携による実学的専門教育を含む、学生の卒業後の社会的・職業的自立に向けた新たな取組」（文部科学省ｃ）を支援することを目的として、実施された大学教育改革支援策である。

（注6）【大学生の就業力育成支援事業】については事例集が刊行されていないため、取り組み概要から内容を分析している。なお、教育目的を異にするため、高等専門学校については分析の対象外とした。日本学生支援機構刊行の事例集に「マナー」という言葉を掲載している取り組みをピックアップした。

（注7）同一校で複数のマナー教育の取り組みが実施されている場合もある。そのため、事例集において「ビジネスマナー」という言葉を一か所でも用いている場合はビジネスマナーを教える取り組みとして分類した。詳細については西本（二〇一四）を参照されたい。

《引用・参考文献》

・浅野智彦、二〇〇六年　『検証・若者の変貌』勁草書房
・石渡嶺司・山内太地、二〇一二年　『アホ大学のバカ学生』光文社新書
・島田博司、二〇〇二年　『メール私語の登場』玉川大学出版部
・大学生意識調査プロジェクト『大学生一〇〇〇人に聞く日常生活におけるマナーに関する意識調査』二〇〇七年
・西本佳代・村上光朗・古賀正義・越智康詞・松田恵示・加野芳正、二〇一一年ａ　「大学生のマナーに関する実証的研究（上）」『香川大学教育学部研究報告』第Ⅰ部第１３５号
・西本佳代・村上光朗・古賀正義・越智康詞・松田恵示・加野芳正、二〇一一年ｂ　「大学生のマナーに関する実証的研究（下）」『香川大学教育学部研究報告』第Ⅰ部第１３６号
・西本佳代、二〇一四年　「大学における市民的責任感の育成」加野芳正・葛城浩一編『高等教育における市民的責任感の育成』広島大学高等教育研究開発センター高等教育研究叢書、一二五号
・日本学生支援機構編、二〇一〇年　『大学と学生』第八六号（通号五六〇号）、新聞ダイジェスト社
・日本学生支援機構　平成二一年度「大学教育・学生支援推進事業」学生支援推進プログラム事例集（http://www.jasso.go.jp/sien_suishinpro/jireishuh21.html（最終アクセス日2011/　7/20））ａ
・日本学生支援機構　平成二一年度「大学教育・学生支援推進事業」就職支援推進プログラム事例集（http://www.

jasso.go.jp/sien_suishinpro/shusyokujireih21.html（最終アクセス日2011/7/20））b
・日本私立大学連盟編、二〇一〇年『大学時報』第五九巻三三五号（通巻三五〇号）
・松下良平、二〇一一年『道徳教育はホントに道徳的か？』日本図書センター
・文部科学省監修、二〇〇八年a『新たな社会的ニーズに対応した学生支援プログラム事例集平成一九年度』
・文部科学省監修、二〇〇八年b『新たな社会的ニーズに対応した学生支援プログラム事例集平成二〇年度』
・文部科学省　平成二二年度「大学生の就業力育成支援事業」の選定状況について　（http://www.mext.go.jp/a_menu/koutou/kaikaku/shugyou/1296632.htm（最終アクセス日2011/7/20））c
・矢野智司、二〇〇八年『贈与と交換の教育学―漱石、賢治と純粋贈与のレッスン』東京大学出版会
・読売新聞朝刊、二〇〇九年一一月二二日「京大授業で「社会常識」」

あとがき

マナーの共同研究を始めてからすでに一〇年以上の月日が経過している。初めてこのテーマで学会発表したのは、早稲田大学で開催された第六二回日本教育学会大会（二〇〇三年）である。

「マナー」の研究は未開拓の領域であり、人間存在を考える上で興味深いテーマであり、そして、教育学にとっての重要な研究課題であるとの理解から、このテーマに関心を持ってくれそうなメンバーに声をかけ、研究会を始めてみようということになった。学会発表の前年のことである。このテーマの発案は矢野智司（京都大学）であり、加野芳正（香川大学）が教育社会学、教育人間学、臨床教育学、教育史、スポーツ社会学など多様な分野の研究者に声をかけ、合計一一名からなる研究チームを編成した。幸いなことに、日本教育学会が募集していた課題研究に、私たちが申請した「マナーに関する教育学的研究」が採択され、この支援によって研究会と学会発表が可能になった。ちなみに、一〇年前は何といっても教育改革が学会全体としての重要なテーマになっており（「教育改革」という課題は今日なお間断なく継続されている）、同じ時間帯に開催される教育改革の課題研究に〈お客様〉を奪われてしまうのではないかと心配したが、発表会場が参加者でいっぱいになったのをよく覚えている。

こうしてマナー研究の花火を打ち上げたまでは良かったが、その後、研究代表者を務めていた加野が、勤務大学の管理職を引き受けることになり、そちらの仕事が忙しくなることによって、マナー研究はしばし中断せざるを得なくなった。しかし、管理職の仕事を解かれてからは研究時間を確保することも可能になり、研究を再開できる条件が整った。他方で、研究会を開催するにしても共同研究者は各地に点在しており、研究会を始めるには財政的な裏付けが必要である。また、理論的な研究と同時に、実証的な研究（調査）も必要であり、この点に関しても経費が求められた。そこで、研究の推進のためには科研費の獲得が必要不可欠と考え、みんなのアイデアを寄せ集めて科研費に申請したところ、幸いにも採択されることになった。これを契機に研究体制が整い、研究を継続的に進めることができるようになった。

私たちが行ってきたマナーの研究は、大きくは二つの内容に分けることができる。一つは〈マナー〉や〈作法〉に関する理論的研究であり、二つはマナーに関する実証的（調査）研究である。そして、マナーに関する理論的研究は、教育人間学や教育哲学の立場から追究されたものと、主として教育社会学の立場から執筆されたものに大別できる。もともとは、研究分野に関わりなく執筆された論文を一冊の本としてまとめ出版することを考えていたが、教育人間学系の論文と教育社会学系の論文とに分けた方がすっきりするのではないかと考え、これらを別々の書物として出版することにした。本書

『マナーと作法の社会学』は社会学的立場から執筆された論文集であり、本書と同時に、人間学的論考を集めた矢野智司編『マナーと作法の人間学』（東信堂）が刊行されているので、合わせて読んでいただければ、マナーについての研究をより全体的に理解いただけるのではないかと思っている。

実証的研究については、小学生、中学生、大学生に対する質問紙調査、小学生と中学生の保護者に対する質問紙調査が中心である。各方面の協力を得て、総数八五〇〇にのぼる調査票が回収されており、その一部は本書の第七章に紹介されているが、いずれこれらのデータを中心にした書物を刊行しようと、現在、準備を整えているところである。

〈マナー〉は〈ルール〉と〈道徳〉の中間にあり、それ自体が一つの体系をなしている。ルールは決まり事だから守らなければならないがマナーは強制ではないので、守らなくても罰せられることはない。言うなれば、マナーに向き合う私たちは、それを守るか守らないかの自由が与えられており、したがって、マナーを守る行為は自発的な行為ということができる。ここにマナーという領域の独自性がある。逆に言えば、マナーは守らなくても罰せられないので、マナーに違反する行為が目につきやすく、それがマナー違反を注意喚起するためのポスターや看板として、しばしば目にすることになるのである。マナーは「他者への配慮」を表す行為であるとともに、行為の美しさであったり、階級的な身体文化の側面を持っており、単なる〈礼儀正しさ〉や〈迷惑行為〉といった次元にとどまるものではない。マナーという身体文化にはさまざまな次元を含んでおり、本書はそれを社会学的な視点から読み解こうと試みたものである。本書を刊行するに当たって思うことは「マナーの研究は奥が深い」ということである。私たちの研究は、その深遠のどこまで到達できているのか、これは読者の批判を仰ぎたい。

これまでの記述と重なるが、本研究は科学研究費補助金（基盤研究B「マナーと人間形成に関する理論的、実証的研究」研究代表者　加野芳正、平成二〇年〜二二年」、基盤研究B「マナーと人間形成に関する総合的研究」研究代表者　加野芳正、平成二三年〜二五年）の交付を受けた。また、日本教育学会からは課題研究（平成15年）として採択され、研究助成をいただいた。これらの研究助成がなかったら、本書はこの世に誕生していなかったに違いない。また、（株）東信堂の下田勝司社長には、出版事情が厳しいなかで本書の出版を快諾していただいた。心より御礼申し上げたい。

平成二六年八月

加野　芳正

執筆者一覧

加野　芳正（かの　よしまさ）編者
１９５３年生まれ。教育社会学。香川大学教育学部教授。著書『なぜ、人は平気で「いじめ」をするのか？』（日本図書センター）、『新しい時代の教育社会学』（越智康詞との共編著、ミネルヴァ書房）、『看護の人間学』（編著、世織書房）

越智　康詞（おち　やすし）
１９６２年生まれ。教育社会学。信州大学教育学部教授。著書『新しい時代の教育社会学』（加野芳正との共編著、ミネルヴァ書房）、『〈教育〉を社会学する』（北澤毅編、学文社）、『キーワード現代の教育学』（今井康雄・田中智志・矢野智司編、東京大学出版会）

古賀　正義（こが　まさよし）
１９５７年生まれ。教育社会学。中央大学文学部教授。著書『〈教えること〉のエスノグラフィー――「教育困難校」の構築過程』（金子書房）、『質的調査法を学ぶ人のために』（北澤毅との共編著、世界思想社）、『現代日本の少年院教育―質的調査を通して』（広田照幸、伊藤茂樹との共編著、名古屋大学出版会）

西本　佳代（にしもと　かよ）
１９８３年生まれ。教育社会学。至誠館大学ライフデザイン学部講師。著書「学生による学生支援活動に参加するのは誰か」（加野芳正・葛城浩一編『学生による学生支援活動の現状と課題』広島大学高等教育研究開発センター高等教育研究叢書、「大学におけるキャリア教育」秋山弥・作田良三編著『子どもの現在』北大路書房

松田　恵示（まつだ　けいじ）
１９６１年生まれ。スポーツ社会学。東京学芸大学教授。著書『交叉する身体と遊び―あいまいさの文化社会学』（世界思想社）、『おもちゃと遊びのリアル―「おもちゃ」王国の現象学』（世界思想社）、『福祉社会のアミューズメントとスポーツ』（松尾哲夫、安松幹展との共編著、世界思想社）

村上　光朗（みらかみ　みつあき）
１９５５年生まれ。教育社会学。鹿児島国際大学福祉社会学部准教授。著書『新説教育社会学』（加野芳正ほか編、玉川大学出版部）、『発達・制度・社会からみた教育学』（南本長穂ほか編、北大路書房）、『子ども論を読む』（小谷敏編、世界思想社）

人名索引

【タ行】

【ナ行】

【ハ行】

【マ行】

【ヤ行】

【ラ行】

【サ行】

事項索引

マナーと作法の社会学

2014年 9 月15日　　初 版　第1刷発行　　〔検印省略〕

定価はカバーに表示してあります。

編者©加野　芳正／発行者 下田勝司　　印刷・製本／中央精版印刷

東京都文京区向丘 1-20-6　郵便振替 00110-6-37828

〒 113-0023　TEL (03) 3818-5521　FAX (03) 3818-5514

発行所 株式会社 東信堂

Published by TOSHINDO PUBLISHING CO., LTD.

1-20-6, Mukougaoka, Bunkyo-ku, Tokyo, 113-0023, Japan

E-mail : tk203444@fsinet.or.jp　http://www.toshindo-pub.com

ISBN978-4-7989-1252-3 C3036 © Kano Yoshimasa